英才
是怎样造就的

王金战　隋永双◎著

第3版

北京联合出版公司
Beijing United Publishing Co.,Ltd.

图书在版编目（CIP）数据

英才是怎样造就的 / 王金战，隋永双著. -- 3版. -- 北京：北京联合出版公司，2019.4
ISBN 978-7-5596-2920-3

Ⅰ.①英… Ⅱ.①王…②隋… Ⅲ.①中学教育—经验 Ⅳ.①G630

中国版本图书馆CIP数据核字（2019）第026216号

英才是怎样造就的（第3版）
作　　者：王金战　隋永双
选题策划：北京时代光华图书有限公司
责任编辑：牛炜征
特约编辑：何英娇
封面设计：新艺书文化
版式设计：曾　放

北京联合出版公司出版
（北京市西城区德外大街83号楼9层　100088）
北京雁林吉兆印刷有限公司印刷　新华书店经销
字数228千字　787毫米×1092毫米　1/16　19印张
2019年4月第1版　2019年4月第1次印刷
ISBN 978-7-5596-2920-3
定价：48.00元

未经许可，不得以任何方式复制或抄袭本书部分或全部内容
版权所有，侵权必究
本书若有质量问题，请与本社图书销售中心联系调换。电话：010-82894445

目 录

序一　只要方法得当，每个学生都可能成为英才 / V
序二　传奇从何而来——采访王金战老师 / XIII

第一章
心态：优秀从心态开始

光有美好的理想，而不付诸行动，就会成为空想。从古到今，成功者和失败者都不乏幻想，差距就在于行动。成功者面对1%的希望，却付出100%的努力；失败者面对99%的希望，却被1%的困难吓倒。

心态可以选择 / 002

走出挫折心理 / 011

优秀是鼓励出来的 / 028

心理疏导有方法 / 038

第二章

学业：拿高分可以是轻松的

　　什么样的学习方法才最有效？适合你的学习方法就是最有效的方法。你需要了解别人的学习方法，但不能照搬，而要在别人的方法的启发下，量身打造出适合自己的方法，这样才会产生最大的效应。

目标：有台阶就上得去 / 054

享受学习 / 063

方法出效率 / 073

寻找学习的动力 / 085

如何抵御诱惑 / 099

优秀是一种习惯 / 104

第三章

课外：影响孩子人生的 5 个关键词

　　世人没有万事通。人活一生，时光有限，一生能做好一两件事亦属不易，绝不可能十八般武艺样样精通。人人都在经营自己的人生，聪明的办法是用你的主要精力去打磨你的刀刃，而不是打磨刀背。

特长：优秀始于你的强项 / 110

活力：运动激发活力 / 123

主见：做一株有思想的芦苇 / 130

个性：宽容与约束 / 133

自我管理：成长的阶梯 / 147

第四章

孩子与家长：如何应对叛逆青春期的紧张关系

  教书是老师的事情，做作业是学生的事情。家长要干什么？家长是孩子的第一任老师，也是孩子心灵的依靠。家长就是孩子的一面镜子，孩子身上的问题总是有一个复杂的家庭背景。帮助孩子调整好心态，是家长的责任。

问题孩子往往出自问题家庭 / 168

知道你的孩子需要什么吗 / 177

行动消解隔阂 / 186

恋爱：中学生该如何面对 / 192

第五章

冲刺：如何踢好临门一脚

  我觉得高考是一件顺其自然的事。说实在的，高考的题目设计得挺好，由易到难，利于每一个学生正常发挥。如今，社会上完全把中考、高考"炒作"起来了，大家都将其看得太重。我认为，一个顽强的孩子，什么问题都可以应对，参加中考、高考，对其成绩应该顺其自然。

中考、高考心态调整五招 / 206

考试是门技术活 / 212

家长不妨做左手 / 215

专业"冷热"我来说 / 219

第六章
我送女儿上北大

人们总是谈论成功人士，羡慕成功人士。怎么定义成功人士呢？成功人士的一个重要标准，就是培养一个成功的孩子。孩子是父母生命的延续，也是父母事业的延续。

爱好与个性 / 225

与孩子共同成长 / 229

特长之路 / 242

走进北大 / 246

结语　每个学生都是一颗星 / 254

附录一　老王谈考试 / 258

附录二　12 班学生家长教子篇 / 265

附录三　12 班学习高手论剑 / 276

序 一

preface

只要方法得当，每个学生都可能成为英才

我叫王金战，1999年调到中国人民大学附属中学任教，亲历了这所学校逐步辉煌的历程。

仅以高考为例，人大附中考取清华、北大的人数逐年攀升。

我要告知读者的是，我们取得这样的成绩并不是靠加班加点，也不是靠增加学生的学习负担。事实上，我们的学生在学校开设的100多种选修课里尽情展现才华，我们没有早自习和晚自习，周末及节假日也照常休息。

这一事实充分说明：只要按教育规律办事，只要把教育当成以全面提高人的素质为目的的事业，只要充分尊重学生的学习需求和心理需求，我们的教育完全可以取得全面丰收。

但发生在全国各地的状况令人担忧……

——从学校方面看，学校追求好成绩无可厚非，但不应该把挤占学生时间、无限度地增加学生负担作为主要手段！当前教育改革势在必行，但教育改革的关键是教学观念的改革，没有先进的教育理念、诲人不倦的精神，很可能会产生"毁人不倦"的结果。

中学阶段本是一个人能力形成的关键阶段，当众多富有责任感的老师打着为学生负责的旗号把巨大的课业负担强加给学生的时候，处于弱势的学生也只能放弃自己的所有爱好来完成老师的作业，不得不牺牲自己的童趣，把珍贵的生命消耗在无用甚至是无聊的重复的题海中。其后果便是一大批高分低能学生的出现。当每个学校都这样做的时候，便培养了一代没有个性的人，这对一个民族来说，简直就是一场灾难。

——从家长方面看，很多孩子都是独生子女，当家长们把所有美好的希望都寄托在孩子身上的时候，也就不敢拿孩子当特立独行的实验品。有些家长明明知道有些做法对孩子的成长不利，但当看到大家都这样做，而且好多孩子因为这样做取得了好成绩时，也就不再顾及孩子的感受和需求了。

许多家长不考虑孩子的特长和爱好，盲目跟风，给孩子报了各种兴趣班和特长班，即使增加了家庭的经济负担也在所不惜。本来孩子的课业负担已经很重了，到了周末，还要被家长带着奔波在各种培训班之间。而家长有所不知的是，由于这些做法给孩子施加的压力太大，极有可能造成孩子厌学，从而过早退出竞争。请看一位中国台湾教育

专家总结的使孩子变笨的10个"高招":

1. 过分苛责;
2. 处处干涉;
3. 追求完美;
4. 看重高分;
5. 父母不和;
6. 不准发问;
7. 事事代劳;
8. 限制游戏;
9. 鼓励听话;
10. 拔苗助长。

我们不愿意看到的是,许多家长由于理念错位,正在不停地使用以上"高招",更可悲的是他们还不知道这样做的后果。所以我说许多孩子的前途往往不是败在自己手里,而是败在家长手里。但哪位家长的初衷不是望子成龙、望女成凤?

——从社会方面看,网络、电视、手机等本来可以被当成工具为人类服务的东西,却用其负面作用不断影响着青少年的成长。学习本来是需要平心静气的,宁静才能致远,可当青少年被大量的诱惑包围而影响学习时,人们便对社会的教育能力提出了更高的要求。然而,很多家长和教师显然没有做好充分的准备,因而采取了大量治标不治本的做法。

教育本是一门科学,需要我们用科学的方法来对待它,但我们看到的是,谁都可以对教育评头论足,似乎谁都是教育的行家,一般百姓这样做倒无关大局，但当政府官员也这样做的时候，教育便在各种干扰中迷失了方向。

某种程度上可以说，当前的中小学教育就在这种困惑中摇摆不定。再摆上几年，一代孩子又会错失良机。

总的来说，当前的现状是，我们的孩子在震耳的"减负"声中，书包越来越重，视力越来越坏，体质越来越差，作业越来越多，童年越来越短，考分越来越高，能力越来越低。有一次我与一位德国的中学校长交流，谈起两国中学生的特点，这位校长就提到：中国学生的考试成绩是世界一流的，但你们不得不拿自己的钱买我们生产的东西。

我国的中学生在国际学科竞赛中获得的金牌越来越多，多次排名世界总分第一，充分证明了中国人的聪明，但我们获得诺贝尔奖的次数却屈指可数！

作为一个教育工作者，我深知教育的弊端所在，但正是因为我是一个教育工作者，才不能只是抱怨。我无力改变教育的形势，但我完全可以在自己力所能及的范围内营造一片创新的气候，为困难重重的中学教育注入一份活力，闯出一条新路。正如人们虽然没法改变冬天的寒冷，但一个塑料大棚就可以让人们享用到春天的蔬菜一样。

带着这样的理念，我于2000年担任高一（12）班的班主任之初，便决定进行大胆的改革和实验，我为班级确定的培养目标是：

科学家的思维；

外交家的智慧；

军事家的勇敢；

政治家的胆魄。

基于这样的目标，便有了"犯其至难，图其至远"的班训。

便有了云蒙峡通宵的篝火、电视台集体的亮相、圆明园挥洒的汗水、中山音乐堂醉人的乐章。

便有了班干部半年轮换制、班长负责制、竞争上岗制、议会监督制。这些制度的实施使每个人都在班干部的位置上经受了锻炼，为每个人释放个性、展示才华搭建了平台，并涌现出中央电视台栏目主持人、校学生会主席、校团委书记、校学生会学习部长、校体育部长、校网络安全社社长、校古典音乐社社长、学生党员等优秀人才。出自学生之手的两万多字的议会法案中有这样的规定：班级议会有权罢免班长，有权弹劾班主任。虽然他们比较给我面子，没有将我弹劾出局，但他们敢将这一条写进"法案"，其胆量之大令我高兴。

便有了日本国际数学家大会上8位中学生代表的出现。他们的表现赢得了所有与会者的高度评价。

便有了中日远程教学中的精彩表现。中国学生制作的课件、讲台上展现的才华、流利的英语表达能力，以及在日本中学生面前表现出的强大自信震动了日本教育界，他们在来信中惊叹这些学生的综合能力已超过了东京大学四年级学生的水平。

便有了命题权、讲评权的下放，学生的踊跃参与。从命题人的角度看待学习使他们受益颇深，出自他们之手的试题被老师们视为精品。

便有了对各项活动的积极参与、永争第一：运动会总分第一、艺术节优秀班级、足球冠军、网页大赛唯一特等奖等。这不只是他们实力的体现，更是他们团队精神的升华。这才有了4×400米接力仅以两秒之差没破校纪录时几十人的相拥痛哭、歌咏比赛屈居第四时全班委屈的泪水……

他们中的49人参加了2003年的高考，有37人进入清华、北大，其中13人是以其突出的竞赛成绩被保送的，这个结果还不足为奇，因为还有10人获得了剑桥大学、牛津大学、耶鲁大学、杜克大学等世界名校的全额奖学金，有100多人次曾在市级以上的学科竞赛中获奖……更重要的是，在巨大的学习压力面前，他们没有变成书呆子，人大附中"尊重个性、挖掘潜力、一切为了学生的发展、一切为了祖国的腾飞、一切为了人类的进步"的办学思想在他们身上得到了充分体现。在这个尊重个性、蓬勃向上、团结温馨的集体中，他们的个性、愿望和创造力都得到了充分的尊重和施展，他们的责任心、同学情、师生情、爱国情、集体观在这里得到了净化和升华。

人才资源是国家的第一资源，高考是我国选拔人才的主要手段，必然影响到国人的素质甚至民族的兴衰，所以实施高考政策必须对国家的前途负责。真正的素质教育在于培养高素质的学生，而不是高分的考生。当人的综合素质得到全面提高后，高考成绩作为素质的一部分自然会水涨船高。本班的成功恰好证明了这一点。

作为一个学生家长，当时为了给孩子创造一个更好的学习环境，我毅然放弃了青岛的一切，举家来到举目无亲的北京。当发现孩子因为心理问题影响到学习时，我感到了问题的严重性和沉重的压力，开始全面关注孩子的教育、研究教育孩子的技巧，逐步感到伴随孩子成长的过程其实是感受责任、接受挑战、享受幸福的过程。在我的正确引导下，孩子渐渐走出心理阴影，性格变得开朗，自信心逐步增强，学习效率不断提高，如愿考上了北京大学。这一过程使我深切感受到，教育孩子绝对是一门艺术，父母的作用是至关重要的，是别人没法取代的。

作为一个学生，1978年我在乡村读中学，平日调皮捣蛋，学习成绩在班里排到第四十名以外。恰遇高考制度改革，班主任老师动员成绩前五名的同学冲刺当年高考。而当时排名四十开外的我，找到了班主任，主动"请缨"冲刺高考。这种不知天高地厚的行径，得到的是老师嘲弄的眼光和同学的奚落，这使我深受刺激。我暗自发誓，一定要考给那些瞧不起我的人看看。从那时起，我开始用功学习。

在所学的科目中，我的化学成绩最差。那时候，乡村中学纸张缺乏，两个学生共用一套化学教材，学习和复习都很不方便。有一次，我在教室里做化学作业，化学老师看我和同桌共用一本教材，就把她讲课的教材拿过来给我用。那时候，我还是个精力过剩而学习低能的学生，老师这样一个小小的举动，让我受宠若惊、感激万分。原先不爱学化学的我，忽然之间开始爱学了，一学进去，才发现化学根本不难。高考时，化学满分是100分，我考了99分，其他科成绩也不错。最后，我竟然考上了大学，并且是我所在的班级唯一考上的。

我一直都非常感激那位化学老师，她的一个举动，改变了我的学习态度，激发了我的学习热情，甚至影响了我的人生。诸多类似的经历使我认识到：一个好老师可以影响学生的一生！只要方法得当，充分挖掘出个人的潜能，每个学生都可能成为英才！

在后面详细的叙述中，如果我的理念和做法能对各位读者有所启发，当是我最大的心愿。

王金战

序 二

传奇从何而来——采访王金战老师

采访王金战老师,缘于他带出的一个高中班升学的传奇。这个高中班共有55名学生,其中有37名同学走进清华大学和北京大学,有10名同学进入耶鲁大学、剑桥大学、牛津等世界名校。

我们都知道,一般来说,以国内入学标准,考入清华、北大主要靠学业成绩;而按照世界名校的入学标准,比如耶鲁大学、剑桥大学、牛津大学等,既要看学业成绩,也要看课外活动、社交能力和个性特征等综合素质。当然,北京人大附中是一所名校,可这么多高分高能的学生出自同一个高中班，真是有点儿传奇色彩了。

那时候，我正在中央电视台《新闻会客厅》做节目，就报了关于这个传奇班的选题。巧的是栏目另一记者也报了同一选题，选题很快得到主管台长的签字批准。就是在这段时间里，我结识并采访了人大附中的王金战老师。乍一接触，觉得这位中年汉子坦率、自信而幽默，说着一口标准的山东普通话……而当王老师谈及他从教近40年的感悟，谈及他怎样激发学生热爱学业享受学习，怎样发掘学生自身的个性特质，以及怎样引导他的女儿发挥长项走进北京大学时，我顿时觉得，这些对于父母和学生们来说，都是富于启示并可以分享的。

遇到一个好老师是学生一生的幸运，一个好老师也是一本书。王金战老师的教育之道及行事方式，对于所有翻开本书的人来说都不无裨益。

隋永双

第一章

心态：优秀从心态开始

> 光有美好的理想，而不付诸行动，就会成为空想。从古到今，成功者和失败者都不乏幻想，差距就在于行动。成功者面对1%的希望，却付出100%的努力；失败者面对99%的希望，却被1%的困难吓倒。

心态可以选择

> 一个健全的心态，比一百种智慧更有力量。
> ——狄更斯

当你驱车来到十字路口，恰好红灯亮了，你可能会感到自己倒霉。但如果想："绿灯亮时我第一个走。"你的心态也就平和了。

实际上，我们无法选择生活中遇到的每件事，我们无法控制千军万马过独木桥的教育现实，无法选择父母、老师，甚至无法选择生存的环境。但我们完全可以选择用不同的心态面对，当选择了积极的心态，许多事就会出现自己意想不到的变化。

自信的力量

学业的最大问题是什么？我说是心态。心态的关键是什么？我说是自信。

北京一所中学的一个女孩，高考前参加了一次模拟考试。这一考，把她的心考乱了。那时,北京是考前报志愿,每年到了5月,所有志愿都定下来,录入电脑了。这个女孩因为平常学习成绩很好,所以,她报的第一个志愿是北京大学。

报完志愿后,这个女孩所在的学校找了几套模拟题发给学生们做。平常女孩的数学成绩基本都在130分左右(150分满分)。可是,那次的数学模拟成绩,她分数还不到110分。于是,这个女孩慌了,就快高考了,而数学却出现这么多问题,她觉得考不上北大了,觉得自己之前的志愿报错了,于是就跟家长提出说:"不行,不能考北大了,与其考北大落榜,还不如把标准降低一下,给自己选一个低一档的学校。"孩子提出了这个问题后,家长也很着急,就开始四处找人托关系,想改志愿。可那个时候,所有志愿已经录进了电脑,不能更改了。

家长托了一天的关系一无所获,晚上满心疲惫地回到家里。孩子一看家长的表情,知道志愿没改成,就坚持说志愿要是改不过来,今年肯定考不上北大,明天也不去学校了。弄得家长半夜又找人,不知听谁说我在解决类似问题上有点儿经验,就拐弯抹角地找到了我。这个家长为了孩子也不顾别的了,半夜12点给我打电话,非常恳切地说:"王老师你帮帮忙吧!"

我说:"我没有那么大本事去给你改志愿。不过,明天你可以叫孩子来找我,我跟她谈谈。"第二天,女孩来了,情绪非常沮丧,说了自己的苦恼。

我说:"你马上就要高考了,你不会的问题是客观存在的,这一点承认吧?"

她说:"对。"

我继续说:"你不会的问题相对是个常数,这一点你承认吧?"

她又点点头。

我说:"在你不会的问题已成常数的前提下,你是希望在考前让问题暴露得越多越好呢,还是让你不会的问题都隐藏起来好呢?"

她说:"当然希望问题在考前暴露得越多越好了。"

我说:"考前问题暴露得越多,是不是意味着你高考中遇到的问题相对越来越少?在考前那么宝贵的时间里,你好不容易做一套题,居然一个问题都发现不了,那么你的时间浪费得也太可惜了。而如果你在这两个小时内,通过做这套题,发现了一些漏洞,那么这套题对你就太重要了。因为你通过做题发现了漏洞,然后把这个漏洞弥补上,这样你考试的时候不就多了一份成功吗?你怎么能因为发现问题了,却感觉自己能力不行了呢?就你这种心态来讲,你肯定考不成北大。因为你考前不可避免地会遇到好多问题,只要遇到问题你就怀疑自己,当然会垮下来的。"

她说:"我明白了。"于是高高兴兴走了。结果,当年她以超出录取线30分如愿考入北大。

那次,我跟她也就谈了二十来分钟,说得也很简单,但说完后那个女孩好像变了一个人,以前发现不会的问题就丧气,后来发现不会的问题就兴奋。为什么?关键是心态。其实,她在学习上是有实力的。有实力,再有好的心态,就能拿到一个好分数。

一位哲人说:"你的心态就是你真正的主人。"其实,人与人之间并没有太大的区别,成功与否,快乐与否,很大程度上取决于人的心态。

有一个老太太,大儿子是染布的,二儿子是卖雨伞的。天一下雨,老太太就会为大儿子发愁,因为不能晒布了;天一放晴,她就会为二儿子发愁,因为雨伞卖不出去。老太太总是愁眉紧锁,没有一天开心的日子,弄得疾病缠身,骨瘦如柴。邻居告诉她,为什么你不反过来想呢?天一下雨,你就为二儿子高兴,因为他可以卖伞了;天一放晴,你就为大儿子高兴,因为他可以晒布了。老太太恍然大悟,从此以后每天都是乐呵呵的,身体也自然健康起来了。

🎓 心态改变成绩

我曾经在人大附中教两个班的数学。其中一个班级里的一个女生,在她小学三年级以前,数学成绩挺好,是数学课代表,还是班长。有一次,他们班选了五个同学参加区里的奥数选拔赛,其中就有她。她的数学本来不错,结果那次没发挥好,五个同学中,在选拔赛中唯一没有入围的就是她。为此她受到很多冷嘲热讽,她的心理从此也受到了伤害。

从那以后,这个女孩老觉得老师看不起她,同学在耻笑她,心里一有了障碍,学数学就再也找不到感觉了。后来她见了数学就打怵,数学成绩在班级里也经常是倒数第一。好在她没有放弃,依然专心学习。因此,除数学外,她的其他学科的成绩都很强,并且考进了人大附中。

有一次家长会后,她父亲找到我说:"这孩子在小学三四年级的时候,学数学受到了伤害。"

我问:"怎么了?"

他就把整个经过跟我说了一遍。我说:"她的抗挫折能力太弱了吧?"

她父亲说:"没有办法,孩子就这样。我女儿对你的课非常感兴趣,可又很苦恼,考分老是很低,怎么办?王老师你得帮帮她啊。"

看到家长这么诚恳,我说:"好,你让她来找我。"不久后的一天,这女生就来到了我的办公室。

这位女生在她后来的短文中也写到了我们那次见面的经过：

> 在王老师笑着问完那句"你学数学为什么就这么打怵"之后，我知道他早已明白我为什么来，也知道我早晚要来。我知道他一直在等待，也一直在期待我迈出自救的这一步。
>
> 我说我数学成绩一直很差，我觉得自己很努力，可还是不及格，是不是方法不对？我边说边吸气来控制自己，此时我的情绪已到达了崩溃的边缘。
>
> 高二以来，其他学科在我的生活里就像乞丐，每天以数学吃剩下的时间为生，可结果是乞丐们几乎无不身强力壮，而数学从出生那天起，就不让人省心，还没有从医院里出来见过一次天日。
>
> 我把从8岁以来数学对我的折磨全都告诉了他，我再也不要一个人背负下去了，说完以后大滴大滴的眼泪夺眶而出……

听着这个女生的陈述，我没有立即说什么，只是找出纸巾递给她。我知道她心理负担确实重。我在想，她的数学问题不是出在智力上，而是出在心理上，所以解决心理问题比解决成绩问题重要得多。我问她："这次在班里，你总分考了多少名？"

她说："第十七名。"

我一听就笑起来了："啊呀，你真厉害啊！你看你，这个班里潜力最大的就是你了！你数学都考了倒数第一，总分还排在班里第十七名！你这个潜力太大了。要是数学成绩再上来，你就是第一了，谁有这样

第一章
心态：优秀从心态开始

一个好的机遇呢？这不成了一个优点了嘛！"

然后我问她："明天的数学测试有没有信心？"

她摇摇头："没有信心。"

我问："没有信心是个什么概念？"

她说："还会考不好。"

我追问："考不好是个什么概念？"

她说不上来。

我说："这次数学，你考个及格行不行？"

她想了想，点点头说："行，能考及格。"

我说："你只要能够考及格，就是一个非常大的成功。你不要管别人，别人考100分，考90分，都跟你没关系，你自己只要考及格就行。怎么考及格呢？就是你不用去做倒数三道大题了，光做前面的填空、选择和简答题，考60分，难吗？"

她说："不难。"

我和这位女生谈过话后，第二天下午考数学，我晚上批卷，她考了58分，我想了想，给她加到了62分，我怕加到60分她会心生疑虑。然后我在她的卷子上写了一句话："我高兴地看到，你终于迈出了走向辉煌的第一步。"第二天发卷子时，我就注意观察这个女生的表情，她看完自己的分数和我写的那句话，趴在课桌上，悄悄地流泪了。

从此，这个孩子的心态就好多了，数学成绩也走出了低谷，慢慢进入了班级中游水平。第一学期期末考试，她的数学考了80多分，各科总成绩进入了班里前十名。一个孩子的心态是怎么改变的？有时候，一次经历就够了，只差这么一点，这一点就是心态上的。

我给学生加分的做法未必人人赞成。但我认为，就这个学生而言当时是必要的。教育没有固定的模式，如果你一定要找出什么标准，说明你没有了解教育的真谛。教育的真谛是什么？就是因材施教。对有的学生是需要呵护的，哪怕有一点儿不真实。

有一年，一支英国探险队进入了撒哈拉沙漠地区。茫茫沙海，队员们心急如焚，很快就把水喝光了。这时，探险队队长拿出一个水壶说："这里还有最后一壶水，但在走出沙漠前，谁也不能喝。"水壶在队员手里传来传去。一壶水成了穿越沙漠信念的源泉，成了他们求生的希望。终于，探险队顽强地走出了沙漠，大家喜极而泣，用颤抖的手拧开支撑他们精神的水壶发现，缓缓流出的是一壶沙子。

你不会总是第一

有一次我到哈尔滨给家长们开讲座。听完讲座后，一位母亲找到我，一定要我见见她的孩子。

我问："为什么？"

这位母亲说："我孩子高一、高二曾经是班里的第一名。高考前一模的时候，还考了第五名，二模时却落到班里三十名以外，后来名次一再下滑。我孩子考成这样，都快站不起来了。我们使尽了所有办法，也没法让他树立起自信，孩子马上就要高考了，这该怎么办啊？"

听这位母亲说完，我很受触动。现在的孩子不是不要强，不是不想学好，而是压力太大，越到关键时候，越经不起挫折，再稍微加重一点儿压力，就可能垮了。我把我的手机号留给了她说："今天晚上我还不走，我跟你的孩子谈谈。"

晚上，这个孩子来了之后，我就问起了他的情况。他说："我高三之前，成绩一直很好，可到了高三考一次下滑一次，所以感到一点儿希望都没有了。"

第一章
心态：优秀从心态开始

我说："你是不是始终停留在自己最辉煌的时刻？你老是生活在过去的虚幻里，老认为自己考过班里第一，老是用第一的心态衡量自己、要求自己？"

这个学生点了点头。他就觉得自己这次是第一，下次应该还是第一。他总是用这种标准来要求自己，看到成绩下滑，他就不愿接受。于是，他那种曾经的第一就逐渐成了一种虚幻，而他宁愿生活在虚幻中，也不愿意回到现实中来。这是一种典型的心理误区，他已陷入这种心理误区之中了。

我对这个学生说："从现在开始，你能不能把过去的一切辉煌都忘掉？这次你是班里的第三十名，你能不能承认这个现实？人的成长过程是跌宕起伏的，有高峰也有低谷，你现在就到了低谷。你应该这样想：'我现在是第三十名，那么我在第三十名的基础上应该怎么学？应该怎么办？'"

这个学生问："老师，你说我现在应该怎么办？"

我说："你们班第二十九名是谁？第二十八名是谁？"

这个学生说出了那两个学生的名字。我问他："那两个同学哪一科比你强？"

他说："哪一科都比我差。"

我说："那就行了。下次超过他俩，你有信心吗？"

他说："有信心。"

我说："好了，超过他俩，就是你要找到的突破口，如果成功了，你就会站起来了，就这么简单。"

这个学生高兴地说："老师，我超过他俩应该没问题。"

结果，高考后，这个学生给我打电话，说他考得很好，成绩排在班里第四名，考上了一所名校。

我经常会遇到这样的家长，说自己的孩子在小学时是班里的第一名，在初中时也名列前茅，可一上高中就不行了。

我说："你能这样想吗？能进入人大附中的学生已经是凤毛麟角，你的孩子面临的竞争对手，几乎全是原来学校最突出的学生。你不能老用小学和初中的排名来衡量他的成绩，然后就认为他现在落后了，这个尺度本身就不对。你老是给孩子弄一个高高在上的目标，用这样一个达不到的目标鼓励他，而他在向达不到的目标奋斗的过程就是遭遇挫折的过程。最后导致孩子连一点儿信心都没有了。你用一个不正确的尺度，得出一个错误的结论，再用这个错误的结论，来证明你的孩子不行，这对正在成长的孩子是非常不利的。好孩子是夸出来的，不是指责出来的！"

我告诉这些家长，要把过去的辉煌忘掉。就在孩子现在这个起点上想办法，他下次成功的可能性就会大很多。

有个叫艾克的小男孩经常与家人一起打扑克牌，有天晚上他连续几局都抓到不好牌，于是他就不高兴了，开始抱怨起来。他的母亲正色说道："如果你要玩，就必须把手上的牌玩下去。发牌的是上帝，你能做的，就是把手中的牌打到最好。生活就是这样。"后来，艾克在遇到生活困境时，总是会想起母亲的这句话，尽力调整好自己的心态去适应环境，迎接挑战。后来，他从平民家庭走出，从士官成为上校，最后成为"二战"时的盟军总司令，最终成为美国总统。他就是艾森豪威尔。

走出挫折心理

> 这世界除了心理上的失败,实际上并不存在什么失败。
>
> ——亨·奥斯汀

我是从乡村走出来的。我在生活中体会到:挫折,往往比成功更能考验人的性格,不经历失败的成功是不堪一击的。优秀人物常因不能忍受失败而变成庸人,许多普通人则由于能够忍受失败而成为优秀人物。所以,一个人是否有所成就,往往在于其对待挫折的态度。

走出挫折,从发掘孩子的强项开始

当老师的都知道,能把好学生带得更好的老师是称职的老师,而能把好学生、普通学生甚至落后学生都带起来的老师才是一个好老师。怎样才能使落后学生从困境中走出来?我的做法就是发掘他们身上的强项。

我来讲一个"差生"的故事。

2003年秋天，送走2003届12班后，我又带了一个普通班——高一（3）班。这个班集中了一些学习成绩落后而又不太好管的学生（人称"条子生"）。其中一个学生叫丁浩，身高大概有1.9米，体重超过200斤。

高一开学，按照惯例先是军训。我们一个班的师生坐上一辆前往营地的军车，丁浩是最后一个上车的。他一上车，刚才还叽叽喳喳的学生都不说话了。同学们的意思明显地流露出来："这个学生怎么上我们这个班来了？"好像不屑与他为伍的样子。

丁浩上来了，车也要出发了。车内靠前面的两个座，我坐一个，还剩下一个。看丁浩那块头，如果他坐那个空座，我的空间可想而知。但我还是说："你就坐我旁边吧。"于是我俩就挤在一起坐着。

行车过程中，我就开口跟他聊天："你五大三粗，块头挺大的啊。"

丁浩也不说话，伸出右手，摆出一个掰手腕的姿势，那意思是说："咱俩来掰手腕。"

我说："你要跟我掰手腕？我不跟你掰。"

"老师你不敢掰？"他说着又伸出左手，"咱们掰左手。"

"左手我也不跟你掰。"因为我知道肯定掰不过他。我就问："你过去是人大附中的？"

他说："是。"然后他就和我聊了起来。他说，前段时间，人大附中为盖新餐厅，便推倒了原来的旧餐厅，学生们一时没有地方吃饭，就到隔壁的中国人民大学食堂去吃。可是在去的路上，时常会遇到一些不良社会青年来抢钱。于是班主任老师就告诉学生们："你们去吃饭的时候，就跟在丁浩后面。"他们班的同学就照老师的话，跟着丁浩去吃饭，果然就没有人敢打劫了。

我笑着说："丁浩，你这个性格我很喜欢，也很高兴你能来这个班。第一，你有力气不是？今后咱们这个班就有了保护神了。咱们这个班的任何一个学生今后要是受到外人的欺负,我就找你,你敢不敢保证?"

他直点头:"老师,没问题。"

我说:"第二,这次军训期间有个拔河比赛,我看你这个块头,一个人顶三个人,你能不能保证咱们班拿个拔河比赛的第一名?"

他说:"能。"

我说:"你敢这样保证,现在我就任命你为拔河队队长,你去做好这个活动的安排行不行?"

他说:"没问题。"

我说:"第三,就是打水。每个班只有一个水桶,全班吃水都用这个水桶。军训期间耗费体力,大家训练肯定都很累。如果我发现去打水的是别的同学而不是你,我就拿你是问。行不行?"

他又一口答应:"没问题。"

在军训期间,丁浩果然按照我说的三个要求做下来了。别班的同学打水都是两个人抬一桶,丁浩一只手就把那桶水拎回来了,就像拎一只鸡一样轻松,同学们都看得哈哈大笑。

到了拔河比赛时,丁浩在队首,带着我们班一举拿下第一名。而且在整个军训期间,在16个高中班中,我们班各个训练项目的成绩都遥遥领先。

那次军训,丁浩同学就像一个英雄。他把自己放到了一个值得自豪的位置上,并让自己事事都做得更好。老师对他这种委以重任的信任感也让他越来越尊重老师,再也看不到最初那种挑衅的姿态了。

后来,我又让他做了纪律委员,专门负责记录班级里的违纪问题。像他这样一个原来管不了自己的学生,现在却在管理整个班级的纪律,是不是有点不可思议?然而他做得很好。他不但能管住别人,因为别人有点儿怕他,也管住了自己,因为这项职务对他自己也是一种约束。

以前，他旷课是家常便饭，而自从当上纪律委员，他从来没有旷过课，学习成绩也稳步提高，各方面表现都越来越好。

我们高一（3）班，原本有一部分学习差、纪律差的学生，可到了后来，像丁浩这样的学生进步都很快，其他难管的同学也慢慢变得守规矩，懂得上进。我带这个班级半年后，这个班级的学习成绩已经名列年级普通班第一，各项科技文体活动也走在年级前列。

所谓"差生"是怎样形成的？我觉得，当一个学生反复遭遇失败的打击后，便成了"差生"。而让一个"差生"变好的最有效方法就是要找到他身上的强项，发挥他的优势，让他反复享受成功的喜悦，"差生"就会因此转化为优秀生。

听过这样一个故事吗？在美国乡下，有一个公认的坏男孩。有一天，男孩的父亲把继母领进家，并亲自告诉继母："请你注意这个全郡最坏的孩子，说不定他会往你身上扔石头。"可是，继母微笑着走向男孩，托起他的下巴，注视着他，回头对男孩父亲说："你错了，他是全郡最聪明、最有创造力的男孩。"听到这话，男孩几乎落下泪来。他与继母建立起了友谊。14岁那年，继母给男孩买了一部二手打字机，对男孩说："你会成为一个作家。"男孩为继母的鼓励所感动，奋发努力，后来真的成为作家和富豪。他就是戴尔·卡耐基。

没有教不好的孩子，只有不称职的家长；没有教不好的学生，只有不称职的老师。好家长和好老师，能够发掘出孩子的潜能和长项，帮孩子克服弱点，把孩子带到阳光地带。

🎓 我也曾经是差生

也许你会问，为什么你对"差生"这么有耐心？别人对他们都没

第一章
心态：优秀从心态开始

有信心了，甚至连他们自己都没有信心了，可你好像对他们一直能保持着一种耐心，为什么？我可以告诉你，因为我曾经也是个"差生"。

我生长在军人之家，父亲是部队干部。本来父亲有机会把家安在城镇，但因为他有过忍饥挨饿的惨痛记忆，因此他执意把有7个子女的家安在了乡村，所以我一直在乡村长大。

在我的小学和中学时期，学习环境差是事实，不过我自己不知道用功学习也是事实。那时候我很顽皮，天天被老师批评，一不被批评就觉得浑身难受。因为那时候没有追求，1977年以前，高考制度没有恢复，在很多人看来，学习好和学习差好像没有什么区别。因为我父亲是转业军人、国家干部，而我是家里孩子中的老大，按照当时的政策，我可以接班去父亲单位工作。那是一个很不错的单位，我上高中的目的，就是为接父亲的班，所以我不必好好学习。当时班里50多个学生，我的学习成绩始终排在倒数第十名左右。

对于上大学，1977年以前是不可思议的事。1977年，高考恢复了，我看见乡里有个地地道道的农村孩子考上了大学，心里隐约地被触动了，突然觉得考大学这件事儿挺好、挺光彩的。

转眼到了1978年春天。一过了寒假，我们班主任老师就动员班里成绩在前五名的学生参加高考。那时，我是那种不知好歹的人，于是就去找班主任说："老师，我也想今年考大学。"

哎呀！班主任看我就像看一个外星人一样，是那种又鄙视又不让你看出来的感觉。老师问："你也想考大学？"那个语气分明像是在说："你的成绩在班里都四十名之外了，还想考大学？那个大学是你考的吗？"

班主任老师的那种眼神，让我第一次知道了什么叫作耻辱，什么叫作被别人看不起。突然之间，我的自尊心彻底破碎了。如果不是后来发生的事，我可能永远与大学无缘。

后来发生什么事了呢？没想到的是，班主任把我要考大学的事儿当成笑话跟成绩排在前五名的同学说了。那五名同学就取笑我："你也想考大学？如果你也能考上大学，我们就能直接大学毕业了。"

他们这一奚落，一下子激起了我的自尊心，我就觉得："大学怎么了？就你们能考，我为什么就不能考？我非考给你们看看！"

那会儿已经是寒假结束开学了，那时候没有高三年级，高二就参加高考。我当时就开始看高二的书，一看，才发现自己这也不会那也不会。我想："还没学呢，再等等看吧。"后来，我发现不是那么回事儿。有一次回家，我把初中课本翻出来，发现课本都是新的，我不会的那些题，根本就不是高中的，而是初中课本里面的，因为我在初中压根儿就没有认真学过。

我动了一番脑筋，根据自己的情况，设计出了一套适合自己的学习方法。

我把从初一到高二的8本数学书串在一起，语文也是。从初一的书开始，一摞一摞地串起来阅读、做题。别人是一本一本地看，我是一摞一摞地看。

当时我学到什么程度了呢？我们在学校住宿，学校晚上7点到9点有电灯，过了9点以后就没有电灯了，我就找了一盏煤油灯用来学习。那时，我对学习已经到了痴迷的程度，每天学到很晚，也学得挺好，对学习充满希望，就觉得学习已经成了我生命中最主要的一部分了，不学的话就浑身难受。

我们那个校长很负责任，天天晚上睡前在学校转一圈。他看有个房间亮着灯，走近一看是我在点灯学习。那时候，学校是不允许在宿舍点煤油灯的，因为那时的农村学校宿舍都是通铺，上面全是沙草，很容易着火，因此校长命令我把灯熄灭。可我的学习胃口已经被吊起来了，第二天晚上我照样在煤油灯下学，结果又被校长发现了，于是他就把我的煤油灯没收了。没收了我再买，第三天晚上我照学不误。看我一而再，再而三地违反学校纪律，校长一生气就把我的煤油灯摔了，并责令我在全校大会上做检讨。

可是，回宿舍以后，如果不学习，我感觉是一种折磨。

那么到哪儿去学呢？那时候还没有路灯，我就到处找地方，终于发现了一个好地方：地窖。农村学校有菜窖，冬天白菜吃完了以后，那个菜窖还保存在那儿。我发现了这个地方，内心狂喜，我终于又有地方读书了！每天晚上，当同学们回到宿舍后，我就提着煤油灯到菜窖里面看书，一直看到半夜，那种感觉太好了（当时的感觉像有首诗说的：躲进小楼成一统，管他冬夏与春秋）。

记得有一天晚上，我在煤油灯下学到了深夜，突然狂风大作，几次把灯吹灭，其间还雷电交加。而我感受到的却是一种奋斗的快乐，一种全情投入的充实，禁不住写了一首诗来记录当时的心境：

　　闻鸡起舞夜枕戈，
　　寒灯苦读人伴魔；
　　青春飘动如逝水，
　　岁月流金不蹉跎。

我就这么坚持下来，当年5月期中考试，我考了全班第一。期中考试后，在班里听课，老师讲的内容我都会了，而我提的问题老师却给不出答案。于是，我就跟学校提出来不上学了，离高考还有两个月的时间，我回到家里自己复习。

1978年是恢复高考制度的第二年。我的高考经历简直一言难尽，是在"半死"状态下考的。

考前一天的大清早，一个姓万的同学来找我去考点，几乎从不得病的我却病得爬不起来，我妈硬把我拉到了赤脚医生家门口，从小没打过针的我死活不肯进医生的家门，可"胳膊拧不过大腿"，几个身强力壮的壮劳力把我摁倒在医生家门口的粪堆上，来了个"现场办公"。后来我一瘸一拐地带着还没擦干的泪痕及对赤脚医生的憎恨，在万同学的陪伴下，骑着自行车上路了，这一段可归结为"病了个半死"。

去考点要翻过两座大山，我和万同学从山坡往下骑的时候，由于山路陡峭狭窄，自行车失去控制向山下狂奔而去。当时好多孩子都在农田边玩耍，万同学往山下跑得比我快，所以跑到了我的前面，撞倒了一个躲闪不及的小孩。我看大事不好，便把车把一扭，连人带车栽进了路边的水沟里，晕了过去。当我醒过来时，看到一群农民围着万同学，被撞的小孩满脸是血躺在地上。我爬起来赶紧上前把小孩的鼻血擦掉（我自己也满脸是血）。我俩一再哀求说："放过我们吧，我们是参加高考的，明天就考试了，今天得赶过去，还有50里地呢。"然后我们把家里的地址、家长的姓名全都留下来了，保证万一小孩有什么事可以去找我们。幸好，小孩看起来没什么事。那些村民也觉得我们是孩子，再看到我那满脸的血迹，才放了我们一马。当我们骑上几乎摔得没法骑的自行车赶路的时候，总感觉后面有人在追杀我们，所以一路狂奔到了考点。这一段可归结为"摔了个半死""吓了个半死"。

晚上我们住进了学生宿舍。进那间屋不一会儿，就感觉腿上有千军万马，低头一看，跳蚤和虱子已爬满了腿，我的腿几乎变成了黑色。原来那个屋子已好几天没人住了，跳蚤、虱子饿得发疯。这分明是送

第一章
心态：优秀从心态开始

肉上门，谁还敢睡！晚上，我和万同学就裹着被子出去看星星，可到了半夜，又困得不行。这时候，心想咬死就咬死吧，总比困死强，所以就咬牙回去睡觉了。那时悲壮地把被子一裹，是死是活由它们了！自然，那晚我们是跳蚤和虱子们的夜宴。这一段可归结为"咬了个半死"。

第二天考试开始，第一科考语文。由于1977年高考语文只考了一篇作文，我语文只有作文还说得过去，别的也没来得及复习，于是就把宝都押在了作文上。试卷发下来，我翻开第一页没有作文，翻开第二页没有作文，一直翻到最后一页，考卷根本就没有作文题！有一道与作文沾边的题目竟然是缩写！我当时就慌了，结果语文100分满分，我一共考了30.5分！这一段可归结为"打击了个半死"。

考完第一科，我觉得大学梦完全破灭。可是，不知为什么我心中忽然涌出一种绝死而后生的哀兵之气，心想后面几科拼了。第二科考化学，我感觉自己能得满分，结果考了99分。其他科目也发挥得不错。当年，我竟然考上了大学，也是那年我们班唯一考上大学的学生。

我讲"五个半死"的真实经历，就是想说明，高考其实是一件很平常的事，即使遇到譬如身体不适、睡眠不足等情况，只要调整好心态，也基本不会影响成绩。考试过程中某一科发挥失常也是在所难免的，如果能调整好状态，完全可以通过其他科的良好发挥来弥补。

我有时会把自己的经历跟学生谈，学生们都很吃惊地说："老师原来还有这么一段故事呀。"我对学习差的学生们讲："要想让别人看得起你，你首先得看得起自己。你可以在一段时间内很落后，但只要你不服输，在我的眼里，你仍然是好学生。我最看不起的学生，就是自己承认自己不行的学生。哀莫大于心死。你本来还行，却认为自己不行，你心都死了，什么人也救不了你。"

没有"差生"

为什么给"差生"打了引号？因为无论作为学生还是老师，我都不承认有什么"差生"，而只有暂时落后的学生、有待提高的学生。

我曾在山东沂水一中担任过政教主任，其中一项工作就是管理好学校的体育特长生。

大家知道，体育特长生往往是最让班主任老师们头痛甚至讨厌的一群学生。因为这些体育生，一是学习不行，二是纪律性差，个个身强体壮而调皮捣蛋，好讲义气且动不动就打架斗殴。

每个班都有体育特长生，他们在学校也是一个很有影响力的学生群体。应该怎么管？经过观察分析，我想出了一些办法。

我把他们召集在一起，说："特长生特长生，你们是有特长的，在运动会参加各种比赛，为班级争光，为学校争光，主要靠你们。所以你们是为学校争得荣誉的功臣，应该优先解决你们的实际问题。"于是我就代表学校宣布：

"第一，鼓励体育生达到国家二级运动员称号。只要你过了二级，每天学校给你补助5毛钱生活费，也给你的教练老师补助5毛钱（在那时的县城5毛钱是很值钱的）。

"第二，在学习成绩上，班主任老师不能再让你们跟一般学生比排名。因为，考大学一般同学文化课得考600分，你们体育生考300分就够了，为什么让你们跟一般同学比成绩？

"第三，为体育生设'三好生'奖。过去没有这个奖项，体育生因为文化成绩差，总也当不上'三好生'。现在只要你的成绩不在班里倒数五名之内,就有资格评上'三好生'。

"第四,学校为体育特长生统一联系高校。每年高校招特长生的时候,我会帮忙联系各高校招生办的人。"

我是这么说的,也是这么做的。这让体育生们很感动,他们说:"王主任,你这么理解体贴我们呀!"

在做上面这些工作的同时,我跟各班班主任老师打招呼:"哪个班的体育生要是上课捣乱,你就来找我。"后来,班主任老师一旦发现哪个体育生捣乱,就会说:"你再捣乱,我就去找王主任。"一说这话,那些体育生们就真的不敢捣乱了。你想呀,我为他们做了这么多事,他们还好意思因为捣乱来见我吗?

后来,这些体育生渐渐地就成了一个积极向上的群体。

那时候,学校周边总有一些不三不四的社会闲散人员,骚扰学生,打架斗殴,甚至抢劫学生钱物等,让学校很是头痛。

这些体育特长生们就自发地组织起来,定时执勤、站岗、巡逻。体育特生长的身体素质是显而易见的,他们一出动,那些社会"二流子"就望风而逃。而这些体育生也觉得自己很威风,很有价值,因此很自豪,也就愿意往好的方向发展了。

学习差的学生,在别人眼里,常常是一差百差,别人很难看到他们的优点。在这种情况下,一个老师能够及时发现他们的优点,并及时给予其鼓励和表扬,学生对老师的那种感激都真的是发自内心的,而且往往能记一辈子。所以,我带过的学生中,对我最有感情的往往是那些当初的"差生",因为我从来不嫌弃成绩不好的学生。

有一部美国影片名叫《教师》,取材于一个真实的故事。这个故事发生在美国新泽西州市郊小镇上。这个小镇里有一所学校的一个班级里的26名学生,几乎每个人都有不大光彩的过去:有人吸过毒,有人进过管教所，有个女孩甚至在一年之内堕过三次胎。家长对这些孩子的内心想法就是两个字：绝望。

好几任老师也被这些孩子气走了。这时候，来了一位女教师，名叫菲拉。她来的第一天给大家出了一道题，说有这样三个人：

第一位曾是战斗英雄，热爱艺术，偶尔喝一点儿酒，年轻时从来没做过违法的事。

第二位笃信巫医，有两个情妇，嗜酒嗜烟如命。

第三位曾经多次被校长训斥，每晚喝大约一公升的白兰地，而且有过吸食鸦片的记录。

她问同学：谁后来成了伟人？孩子们给出的答案一致：第一位。

可是菲拉老师告诉孩子们：第一位是希特勒，而第二位和第三位，分别是美国前总统罗斯福和英国前首相丘吉尔。

菲拉老师说："人都有犯错的时候。过去并不那么重要，把握现在和将来才是最重要的。"菲拉的话改变了这些孩子的一生。这些孩子长大之后，大都成为有用之才，包括飞机驾驶员、心理医生、基金经理、法官等。

倒数第一是无所畏惧的

在每个人的成长之路上，或早或晚会遇上一段暗淡时光，而学会在困境中生存下去，才能适应未来的竞争社会。

有一天夜里 11 点，我突然接到校长从办公室打来的电话。原来，有一个男生想转到我们班。接不接这个同学？我有些顾虑。我知道这个学生的表现之差在年级里都是很有名的。他的学习成绩在普通班都达不到中游水平，如果来到我们班，不仅学习跟不上，身上的不良习气还很可能会把班级风气搞乱。

校长听出了我的顾虑，便把整个过程讲了一遍。这个男生高二时从外地转到我校，到了我校之后，不能及时调整心态，上课不认真听讲，还经常说话，让老师的课没法正常进行。班主任及任课老师对其做了大量的耐心说服工作，但收效不大。到了期中考试，他居然伙同其他同学作弊，结果被监考老师发现了。于是，班主任、年级组长和家长共同对其进行了批评教育。

可以说，没有不愿意配合学校的家长，没有不希望孩子成才的家长。看到孩子如此不争气，回到家后，他的家长便继续对孩子进行教育。孩子听不进去，家庭战火再次点燃。这名学生感到痛不欲生，深夜12点离家出走，家长及亲朋好友找了一夜也没找到。可是，第二天课间操时，消失了一夜的他突然回到了班级。

这件事惊动了学校领导。考虑到他只是个借读生，毛病很多，所以校方决定劝其退学。为了慎重处理好这件事，校长把学生及其家长请到了办公室谈话。从下午5点，一直谈到晚上11点。在谈话过程中，校长发现这个学生还有一定特长，还有教育的余地，便决定最后给他一次机会。但他在原班已没法再待下去，便考虑转到我的班里。

校长在电话中一再强调："学校是育人的地方，只要学生还有一线希望，就不该采取极端措施。人大附中的校训是'尊重个性、挖掘潜力、一切为了学生的发展、一切为了祖国的腾飞'。这个学生有较突出的个性，理应得到尊重。"

当时，我被校长大教育家的胸怀感动，被校长对我工作的一再肯定迷惑，便稀里糊涂地答应了下来。还违心地说出"感谢校长重视，能为学校分忧是我的责任"之类的话。其实谁都知道班里进一个这样的学生，会给班级工作增添几倍的负担。

第二天下午，这个学生便转到了我们班。我怎么跟班里同学说呢？利用课间时间，我先是召集班干部，然后又在班里通报了该生的情况。

我接着说："这个学生确实有很多缺点，可俗话说，骂人不揭短。每个人心中都有一个敏感地带。既然你知道了他的过去，就不该再提起，如果背后再议论此事，你就把自己摆到了比你议论的人更低的位置上。这件事对咱们班团队精神是一次检验。"

后来，我还真没听到有同学对该生说三道四的。

进我们班之前，我与这位男生进行了第一次谈话。我首先要消除他对原班级老师的怨恨。我说："你怨恨别人，但被你怨恨的人毫无感觉，你的怨恨只是让自己长期生活在心灵的阴暗中，这本身是对自己的一种惩罚。更何况，因为你的诸多缺点，给原来班级造成了很大的混乱，给老师们带来了很多负担。现在，学校不仅没有抛弃你，还特意把你安排在了最好的班级里。如果你再没有感激，还怀有怨恨，那么人间真情何在？做人的良知又何在？"

这番话给他很大触动。之后，我又就纪律问题征求他的意见。他表示一定严于律己。我说："别人是不允许迟到，考虑到你的特殊情况，我允许你每周可违反两次纪律。"人是希望被尊重的。如此让步，他就感到有点儿受宠若惊，一再表示他会用行动证明自己，回报学校和班级对他的信任。

可是，事情没有这么简单。进入我们班之后，这个男生发现更大的挑战在等着他。由于他的基础差，虽然也挺努力，可学习还是跟不上。这时候，这个男生又提出回山东济南实验中学从基础学起。

可是，他回到济南后，缺少了父母的照顾和监督，不但没有恢复他期待的自信，相反，他的学业更是一塌糊涂。

后来，在我的建议下，这个男生又回到了北京，回到了我的班里。

此时这位学生的心态是又自卑,又痛苦,又脆弱。

落后的学生,心理负担其实是很重的。比如每次考试都考倒数,同学可能会瞧不起他,甚至老师也瞧不起他,回家家长再对他批评训斥、唉声叹气,你说这类学生的心理折磨是不是要比好同学多得多?所以说,学习落后的同学,是同龄人中最痛苦的。你不要看他们不学习,不要看他们学习不在状态,其实他们内心很痛苦,他们也非常想学好。你说高三的孩子,谁不想学好呢?你以为他们闲着舒服啊?在班里老是排名落后,他们的内心有一种自卑感,所以心理负担最重。

高三第一次考试前,这位男生说自己生病了。你看,他都不敢参加一次普通的考试了。为了鼓励他,我说:"这次考试你肯定是倒数第一,既然如此你还顾虑什么?你还怕考倒数第二吗?你要不是倒数第一的话,其他同学能平衡吗?"

他说:"不平衡。"

我说:"这就对了,你这次要是考不了倒数第一,其他同学就会不平衡了,为了全班同学的平衡,你这次也要考倒数第一啊!"

他听了听,觉得是这么回事。

这样,他终于参加了高三的第一次考试,并以绝对优势名列班级倒数第一。可是,这个男生经过一个月发奋努力后,在10月的月考中,和倒数第二同学的差距一下子缩小了30分。在月考的总结中,我就开始表扬他了:"你们看人家这位同学,一下子差距能缩小30分,高三一共要经过8次大型考试,如果你每次都能缩小30分,那就不是考大学的问题了,而是考清华、北大的问题了!就看你敢不敢挑战自己了,你站起来谈一谈,下一次你的目标是什么?"

这个学生被我表扬得晕头转向,站起来说:"老师,我下一次肯定不考倒数第一啦!"

我说："男子汉大丈夫，一言既出，驷马难追，你要为你自己的郑重承诺负责。"

得到鼓励后，这个男生就以拼的心态投入到学习中。我细心关注着他的每一点进步，很多时候，甚至是带着"放大镜"来寻找他的优点，并给予表扬和肯定。在课内课外活动中，也为他提供发挥特长的机会，以增强他的自信心。

对于这样的"差生"，我认为当班主任的，有时候就要拿"放大镜"去寻找他的优点。当然，他的优点也必须是真实的，而他也并不以为班主任是为表扬而表扬。实际情况是他确实有优点没被别人发现而被你发现了，因为你是班主任，有威信，你的一句表扬话，就会让学生长时间热血沸腾。于是他对你更尊重，尊其师则信其道，他尊重你了，就更加听你的，学生的心态就越来越好。他的心态问题一旦解决了，学习效率也就上来了，学习成绩也就逐步提高了。

当然，这种学生在学习成绩上不可能一下子走得很高，但是他收获也很多，如果有了自信心，他将来能达到的那种高度也不会比别人低，甚至有可能比别人还要高。因为他经历了一个被人看不起的过程。

所以在这种情况下，对于这些学生，只要班主任给他们一个及时的表扬，那这些学生焕发出的对老师的感激，焕发出的那种士为知己者死的态度，焕发出的学习热情就会让人感动。

进入高三的第一次月考，这位男生便将自己在年级的排名提高了161个名次，这次提高，让他看到了自身的潜能，对以后的学习变得更加奋不顾身了。那时，他的自信心和拼劲儿已达到非北京大学不考的地步，但以他的基础和所剩无几的时间，这几乎是不可能的。

考虑到他的艺术特长，我便鼓励他参加艺术特长的测试。专家测试后说有希望，他便进行了一个月的突击准备，最后在北大艺术测试中取得第三名的成绩，并与北大签订了合同。合同中有一条：已被认定为艺术特长生的学生可加 50 分。而这位男生经过顽强奋战，最终考入北京大学法学院。

高考完后的第一天，这位男生的家长请我吃饭。席间，男生说："我想唱首歌给老师听。"他唱得很投入，是用心在唱，并流下了眼泪，在场的人也被他感染得流下了泪水。

这个男生说："王老师，有了在咱们班一年的经历，我觉得我可以应付今后生活中的任何挫折和困难。我原来没有想到能考进北大，我打算好了，如果我今年考不上北大，我哪也不去，明年我会再拼！"从那个男生身上，我感受到了一种对待困境、对待挫折的气概。

有个日本学生，上小学时是班里的"差生"，学习成绩不好，无论做什么都半途而废。然而，面对失败，他总是反省自己，并不断改进。

他说："正是因为当时的失败，才培养了我顽强拼搏的能力、独立思考的能力和创造性的能力。"这个日本学生后来创办了本田公司，以生产汽车、摩托车闻名于世。他就是本田宗一郎。

人人都会做错事、蠢事，谁也不能指望自己一夜之间变得完美。所以，让自己慢慢成长，保持耐心是重要的，学会对自己宽容一些也是重要的。谁没有搞糟过？我们没有必要过分责备自己，我们需要做的是从错误中学习，知道是什么地方出了错，以及为什么错了，然后尽力去补救，然后放下这事，继续往前走，就会走出一片新天地。

优秀是鼓励出来的

教学的艺术不仅在于传授本领,更重要的是善于激励、唤醒和鼓舞。

——第斯多惠

优秀从何而来?要我说,当一个学生反复遭遇失败的打击,他就变成了差生;所以让差生变好其实很简单,就是反其道而行之,即让学生反复感受到成功的喜悦,差生就变成了优生。

🎓 记住每个学生的名字

我上高中时,有几位老师到毕业时都叫不出我的名字来。一个学生要是优秀的话,老师能叫不出他的名字来吗?因此,我很能体会到学生的那种失落感。所以,初当教师,我就给自己定下一条规矩:从第一节课起,就要能随口叫出班上所有学生的名字。于是,就有了下面这个故事。

记得那是1982年,在沂水一中,第一节数学课课间提问,我随手指向了一个学生:"陈长法,请你回答这个问题。"

结果,他很惊讶我能叫出他的名字,从那以后他看我的眼神马上就不一样了。

这个学生后来考上了大学,还念了研究生,现就职于青岛海关。

1995年,我调到青岛二中。在这之前,我们师生有十多年没见面了。有一天,我用公用电话试着给他打了一个电话,我问:"你是陈长法吗?"

他说:"是,你是哪一位?"

我说:"我是王金战。"

我就听到电话那头激动地喊了起来:"王老师!"他马上就问我在哪里,知道了我的地址之后,他很快赶到我那儿。中午我们边吃饭边聊天,陈长法说:"王老师,你知道我为什么对你印象这么深吗?那次上第一节课,我们同学都不知道你的名字,你就点我的名字,就记住我了!而且我是你给我们上第一节课时被点名的学生,我就觉得自己在你心里是有一定的位置的。为这件事我就感激你!"

我在沂水一中教过的第一届学生毕业20年庆典时,我回去了。有几个学生问我:"老师你还记得我的名字吗?"当我把他们的名字脱口说出来的时候,学生都感动得掉眼泪,说:"20多年,老师你还记得我!"

中学是孩子性格形成的一个关键阶段,老师的一举一动都会对他们产生正面或者负面的影响。虽然这些影响老师有时无法察觉,但会留在学生心里。

我要求自己记住每一个学生的名字,一是为了方便教学,二是表示一种尊重,一种责任心。现在有些老师点名不叫名字,而是叫号,上课就喊1号起来回答,2号起来回答,就像叫犯人一样。试想一下,一个老师教了一个学生半年,竟然叫不出这个学生的名字,这个学生会怎么想?

后来我当教导主任，当校长，我就要求老师们两周之内必须把自己学生的名字都记住。

教学讲究情感互动。记住名字，看似是一件小事，但要知道，一个老师不用看花名册，第一节课就能把学生的名字脱口而出，对学生的心理影响是很震撼的。你是老师，你就得用心去打动学生，学生才会尊重你。这是教育的功力之一。

罗恩·克拉克先生26岁时曾获美国最佳教师奖。他讲过一件有关美国前国务卿希拉里夫人的故事，有一次，罗恩·克拉克老师应邀带着全班37名学生去白宫，时任总统的克林顿和夫人希拉里接见了他们。学生们参观了白宫，并与总统和夫人交谈。当同学们列队与总统及夫人告别的时候，克拉克先生注意到，希拉里夫人叫出了每位学生的姓名！而学生们当时也记住了这位后来就任的美国国务卿。

🎓 一句话的力量

我刚调到青岛二中的时候，接了高一一个班的数学课。这个班有个男孩，很单纯，很可爱，老是笑眯眯的，但就是学习不行。不过，在寒假前的期末考试中，他的数学成绩有所提高。

尽管不是班主任，我还是在每一个学生的期末试卷上写下了一段评语。这个评语看似不重要，但是，当学生喜欢你这个老师的时候，这一句评语就会影响他们在寒假中的学习心态。

通常，我给学生写的每一个评语，都要考虑这个学生的学习基础及其性格，然后仔细琢磨写什么样的话最容易打动他。

因为这位学生的期末考试与平日水平相比有很大的提高，于是，我在他的试卷上写了这样一句话："我在青岛的第一个春节，因为你这次期末考试的成功而快乐。"

就这么一句话，学生看到后，对他父母说："这个老师对我太好了。他刚调到青岛，第一次在青岛过年，因为我这次考得非常好，他就觉得这个年过得很愉快，我一定要把数学学好！"

整个寒假，学生带着感恩的心理用功学习，寒假过得很充实。快开学的时候，他父母来到我的办公室，说："王老师，真是难以想象，你写这么一句话，竟然能在孩子的心理上产生这么大的激励作用。"

后来，这位学生的学习成绩有了大幅度提高，最终考入山东一所本科高校。那时候考本科不容易，整个青岛的升学率还不到30%。现在，该同学担任青岛一家外贸公司的总经理。

2006年12月，我新浪的个人博客上收到一个学生的来信，这位学生名叫陈皓。我在青岛二中任教时，曾经教过她一年的数学。

陈皓同学在信中说，我曾经在她试卷上写过一句话，而就是这句话改变了她。我的确已经记不起来了，而她却记得清清楚楚。她在信中说：

亲爱的王老师，您好！

今天偶然在新浪网上看到了您的博客，非常惊喜，忍不住提起笔来给您写信。

给您写信的原因是，我一直深深地记着您，感激您。10年了，一直想有一个机会见见您，对您当面说一声谢谢。当年到3班的时候，我是理科试验班被"淘汰"下来的，那是我学生生涯中最"灰暗"的一段日子。以前一直是尖子生的我，实在有点受不了这样的反差，对自己的能力产了极大的怀疑和绝望，我当时真的认为自己就是变笨了，就是不行了，我再也成不了高才生了。

就在那个时候，您的一句话改变了我。那是一次数学测验，比起以前来我考得还算不错。您当时在卷子上给我写了一句话让我一辈子都忘不了，您那句话写的是："这才是我心目中的陈皓！"

我想您也绝对想不到，这样一句对于您来说很平常的话，对于当时差不多打算"破罐子破摔"的我来说，是多么大的精神力量！就是那一次考试，让我觉得"我还行！还没有不可救药，我的老师相信我"。

10年了，您大概不记得自己曾经写过这样一句话，甚至您大概连我长什么样儿都想不起来了，您大概永远也不会想到，您顺手在一个女孩卷子上写下的这句短短的话，可能改变了她的人生。

那次考试之后，我彻底打消了"破罐子破摔"的想法，憋了一口气开始为"咸鱼翻身"而努力。成绩在慢慢回升，当然也不是一帆风顺，有时候也有反复，但是每当有困难的时候，我总会想起您给我写的那句话，它给了我无比的信心和力量。

终于，我成功了。高中毕业，我考到了北京外国语大学，学习4年西班牙语之后，又获得了美国排名前20的Rice University（莱斯大学）的全额奖学金，并拿到了hispanic studies（西班牙研究）的硕士学位。今年毕业后，我回到了青岛，在青岛大学西班牙语系当老师。这个系刚刚成立，我是第一批老师中的一员。我的任务不仅仅是教书，还要负责创建一个独立的系的所有工作，非常有挑战性。我从美国带回来了一套很先进的西班牙语教材，是我的美国教授写的,我在用它来教我现在的学生,目前在中国,这是第一份。

现在我和您也算是同行了,我一直记得您的教育方法,每次不管哪个学生的作业有进步,哪怕是一点点的进步,我都会像您当年一样在他的作业本上写下一些激励的话语。我发现,我的同学们也喜欢找我谈心,谈自己的学习问题,谈自己的理想……每一次我都不停地给他们鼓励,鼓励,再鼓励。我常跟他们说:"你们都不知道自己有多优秀。"这是您给我的启发,您让我深深地明白,一个老师的鼓励和欣赏能对学生起到多么大的作用。我希望把您当年所给予我的,再传递给我的学生们。

这就是一句话的力量!

"二战"时,有一个叫多克的人由于超龄而被拒绝入伍,他觉得很遗憾,就自己报名到野战医院做义工,协助医生救治伤员。日复一日地面对伤痛和死亡,需要很大的毅力,为鼓励自己也为鼓励大家,他想好了一句话,就把它写在了墙上:"没有人会死在这里。"最初,大家看后都付之一笑。可是,天长日久,伤员和医护人员甚至院长都渐渐地记住了这句话。伤员因为记住了这句话而顽强地活了下来;医护人员因为想起这句话而对伤员进行精心治疗。一句话改变了一个医院,也改变了许多伤员的命运。

每个学生都渴望关爱

在山东沂水一中,我教过一位学生叫张元勋。这个学生性格比较内向，遵守纪律，用功刻苦，学习成绩很出色。用一句话来说，他就是那种可以让老师放心的学生。

对于这样的学生，作为一个班主任老师，还能怎么管他？但是恰恰就是他，让我感到了不足，感到了自己对学生的关心还有欠缺。

我有一个习惯的做法，就是让学生定期（大概半年左右）给我写一封信。接到学生来信后，我一封一封地回信，我希望学生把心里话说出来。我会根据学生的具体情况，解决问题，调整工作方案。

有一次，我收到一封很长的信，是张元勋同学写的。信中说："当我看到老师跟一个个同学谈话时，我是多么羡慕，也希望这种荣幸有一天能够降临到我身上。但是，一次次都失望了。在长时间里，我都感到了一种失落，一种苦恼。我何时也能够享受到老师的一次关爱呢？"

看到张元勋同学的信，我很有感触。一个优秀的学生，班主任老师还用再去操心吗？我总是把精力用在一些问题学生身上，却把这些好学生的心理需求忽视了。一个好老师，对所有学生应一视同仁。而要照顾到每一个孩子的心灵需求，那就得多付出才行。

我就给张元勋同学回了一封信。我在信中说："看到你的来信，我内心受到一种触动，因为你的这种想法是我想象不到的。在我心里，你是很守纪律，很有上进心，学习也很好的学生，是让我最放心的学生。如果咱们班里每一个学生都像你这样的话，我这个班主任就是这个世界上最幸运的人了！但没想到你还有这样的苦恼，我现在理解了。你放心，在以后共同相守的岁月里，无论我是否跟你谈话，你永远是我心目中最好的学生。"

从回这封信后，我与张元勋同学的沟通就多了起来，师生关系也格外好。

张元勋后来考到了天津大学。到了大学以后，他还一直和我保持书信联系。

后来，他又考到北京大学环境科学专业读研究生。完成博士论文时，他在论文封面上写下了"结得桃李，以报师恩"，并将它送给了我。之后，他又去了美国一所大学读博士后。

激励方式：我的系列化班会

怎样带班？我自鸣得意的一个方式是开系列化班会。

鼓励学生的方法是多种多样的，有个体方式的，也有团队方式的。我带班的其中一个方法是开系列化班会，给同学们以动力。

我的系列化班会是有个性，有特点的，每个班会都有一个鲜明的主题，不搞那种老生常谈似的班会，比如上周如何如何，下周如何如何。我确定的班会主题，一定是能让学生感兴趣并实用的，而且是鼓舞人心的。因此每次班会前，我都会认真准备。

有人问："高三的学生时间更紧张，你还开班会吗？"我说："正因为高三时间紧张，所以更应该开班会。学习需要一张一弛，沉闷的学习中间，需要一种激情来调整学生们的情绪和状态。因为这些学生太苦闷了，天天沉浸在课本里面，说不好听点儿，他们就是在坐'文明的监狱'。所以，我通过系列化班会的方式，不断地激励学生，唤起他们在学业上、在课外活动中的热情。"

进入高三，学习骤然紧张起来，没有充分准备的学生，很容易陷入困境。所以我的第一个系列班会便是"高三生活应该这样度过"。

主要内容有：

1. 高三三大时段的划分及重点。
2. 高三苦，苦到尽头方知甜。

3. 一年之后再相见,几家欢乐几家愁。

4. 高三学习有诀窍,顽强效率加方法。

通过这一轮班会,学生对高考有了充分的心理准备。接下来老师就该帮助学生制定奋斗目标,以唤起学生对名牌大学的向往。所以我的第二个系列班会便是"高校知识讲座"。

光有美好的理想而不付诸行动,就会成为空想。从古到今,成功者和失败者都不乏幻想,差距就在于行动上。成功者面对1%的希望,却付出100%的努力;失败者面对99%的希望,却被1%的困难吓倒。所以,我的第三个班会系列便是"状元之路"。

我带的12班曾组织过一次班会,被评为"全校精品班会",并在校电视台向全校转播。那次班会是一个辩论会,辩题是"出国留学的利与弊"。双方各有5名同学。那次辩论会进行得非常精彩,结束后同学们这样写道:

> 为了能够在辩论会上出色发挥,使辩论会成功举行,双方同学都做了周密的准备。反方的5位同学首先向中国青年政治学院的一位辩论高手请教了辩论的技巧,然后以徐默烈家为据点,每周开会一次,进行了合理分工,李博负责为张四维、张亦楠写论据,上网找经典辩论会的发言稿;张四维、张亦楠负责筛选论据,刺探正方的进展情况;鲍慧颖负责为李博、徐默烈写稿(李为一辩,徐为五辩)。
>
> 辩论当天,由任远担任主席,佟小成担任主持人,陈曦、崔颖等人担任评委。
>
> 李博在一辩陈词中出师不利,没有按预定时间陈词完毕,

但同伴并没有责怪他。接下来，反方渐入佳境，李博和张四维配合默契，张亦楠和鲍慧颖让侯晓迪和何煦掉入了他们精心设计的陷阱，徐默烈的总结陈词慷慨激昂。

40分钟的辩论结束了，评委走出教室，进行评分。那次辩论的结果是反方以微弱优势获胜，正方惜败。

我说过，如果你光把一个不努力的学生交给我来带，这个学生的进步速度肯定慢。你想，现在一家两代四口人，爸爸妈妈、爷爷奶奶或姥姥姥爷，有时都管不好一个孩子，我一对一来带，也未必能好到哪儿去。

但是，我带50多个学生，就可以管得很好。靠的是什么？靠的是团队精神。当你把这个学生放到团队中，他就会被一个具有良好风貌的团队带动起来，他的进步速度就会快起来。当然，这种团队精神，是以发挥学生自主性为基础、以尊重学生个性为前提的。

心理疏导有方法

> 心态决定一切。
> ——米卢

现在的高中生身上背着"三座大山",一是学习负担,二是经济负担,三是心理负担。做不完的作业考不完的试,中考高考的压力,学校家庭社会的压力,都会在这些可怜的中学生心里沉淀发酵成心理压力,压得他们喘不过气来,有时我们想象不出中学生的心理有多么脆弱。

走出心理阴影

说说我们班一个男生的故事。

有一天,我正在办公室备课,门不声不响地开了。我一抬头,看到一个男生站在我面前,一副发呆的样子,也不说话,吓我一跳。过了一会儿,男生突然开口跟我说:"活得没意思!"

这位男生是从外地转来人大附中的。刚来时,可能因为不大适应教学方式，学习成绩不好。后来他写过一篇短文，记录了他的心路历程：

> 记得2000年校庆的时候，我回到家累得厉害，母亲一言不发。我不知为什么，就试探着问她，当时她说出的话是我从未听过的："我去过学校了，看成绩，你大概属劣等生吧。以后学校的那些事情，你还是少做些吧！"
>
> 我愕然且无言以对。以前父母对我的学习少有评论，经常只是淡淡的一句"好好念书去吧"，就把我打发到里屋了。现在我又是班级里的倒数第一，对他们来说更如当头一棒。
>
> 期中的成绩大抵还算理想，侥幸进了年级前50，班主任对此也大感吃惊，劣等生自然是不该如此的。之后的二试，我就考得一塌糊涂了。每天下午的考试，我总是心不在焉，几次考试全没及格，可也都不是倒数第一，但出乎自己意料的是，这次我却以300多分的总分，稳居末席了。

获得倒数第一的考试分数，学生的心理压力是可想而知的。心理科学认为，人人都有心情沮丧的时候，这也是正常的。可是长期心情沮丧，就会导致忧郁，导致绝望，那问题就严重了。

这位男生说：

> 我自幼体弱而生性优柔，且喜静恶动，体育尤不擅长，又

愿和弱势群体接触，对世事都很敏感和在乎，无论受什么委屈，总会暗自落泪。后来我渐渐不再爱哭了，也许那就是成熟吧。以前的朋友曾说："明明很痛苦，却偏要大叫大喊，似乎要告诉所有人，他很坚强很勇敢和无所谓。"这对我真的是再好不过的写照了。再后来，我面临新的环境，不断受到外界的挫折，心境总是很压抑的。尽管偶尔好不容易处在领跑的位置，却又不断地在怀疑自己，也感觉累得喘不过气来。我为人偏执，常怀着雄心壮志，不太计较后果，混到崩溃的边缘……

这个学生平时就不苟言笑，性格有点孤僻，老是一副深沉的表情。他还有个特点，就是经常缺课，动不动就从教室里蒸发了。用同学的话说："高中三年，无论何时，你若是朝他的座位瞥上一眼，能看见他的概率，和抛硬币正面朝上的概率等同，并且绝对随机。上午第一节课看见了他，谁也不能肯定第二节能否看见他；下午可能不见他，没准统练前又出现了，真可谓行踪飘忽。"

而这位男生说：

我出没的习性，大多不为人所知，又懒于奉告他人，所以常出现于人意想不到之时，现身于人不可预料之处，但与人并无恶意，如是来无影去无踪，于是在同学中得名"幽灵"。又以王京老师的形容尤为著名——"你仿佛是在飘呀。"2001年美国"9·11"事件前的教师节（9月10日），我从学校失踪半日，次日恐怖惨剧传来，我在班中辩论时观点又较为偏激，大概还因为我与拉登的脸色相仿，我又招致另一外号曰"拉登"。

这位男生有一个强项，就是他特别喜欢参与学校的一些科技活动。可是，我从这位男生口中得知，他的家长反对他参与这些科技活动，因此他就觉得自己参加也不是，不参加也不是；而老师呢，安排他也不是，不安排他也不是。学生有特长却得不到发挥，无所适从，心情郁闷。

了解到这位男生的苦闷心理，当时我非常生气。学生走后，我就给他父亲打电话，请他到学校来。一般来说，遇到学生问题，我很少给家长打电话，但是如果学生的问题出在家长身上，我绝不含糊。过了一个小时，他父亲就来了。我对他父亲毫不客气，质问道："你们知不知道怎么培养孩子？你们的孩子本来很优秀，也有强项，可是孩子现在的心理状况这么令人担忧！你们给他一个宽松的环境行不行？你们想一想，是学习成绩重要，还是一个健康的身体重要？！"

他父亲默默地听着，流泪了。其实，这个孩子的家长很优秀，很有学术造诣，为孩子也煞费苦心。他父亲推心置腹地跟我讲了他做家长的一些苦衷。我说："我们是成人，我们不承担谁承担？"我就与他父亲商量，最后达成共识，鼓励这位学生，适当参加那些自己喜欢的科技活动，老师和家长共同努力，让孩子摆脱心理重负。

之后，我又找这位男生谈，希望他能多理解父母的难处。我对他说："我也是家长呀，站在学生角度看是一回事，站在父母角度看又是另一回事了。在目前这种教育现实面前，孩子压力大，家长压力也大；学生难，家长也难。而家长的苦衷和付出又有谁知啊！"

这位男生点点头，他也承认有时对父母的付出太忽略了。他后来记叙过这样一件事：

2002年，全国中学生物理竞赛初赛在郑州举行。去郑州那天晚上，我动身赶往北京西站，突然天降暴雨，淋得我透心凉。在列车上我裹在被子里，却一夜没有睡着。抵达郑州的时候就开始生病，又熬过了一个不眠之夜。

参加理论考试的时候，我已是晕乎乎的了，父亲一直跟在后面，承担着随队教师的角色。以往每次参加竞赛，他无论有多忙，总会抽出时间，把我送到考场，为我筑起一道隔绝喧嚣的屏障，让我能静下心来。时间就快要到了，我真的不敢再看他那饱经沧桑的脸。为我无端而忙，已使他更加疲惫不堪。我甚至不敢去告诉他我头痛的感觉，真怕他再替我无谓地担心。

"不早了，进去吧！"父亲平静地说。我点点头，和他说再见。

我从三楼教室的窗户往下看，他还站在那里，好像在等着什么。我看到天又下了雨，而唯一的伞却在我包里。考场上我毫不在状态，在一道题上耽误了好多时间，结果那道题我得了零分。

在淅淅沥沥的秋雨中，我走回了住地。父亲问我考得如何，我只是一个劲地摇头，我想他会懂的。他就再也没有问，只是劝我想着明天。

第二天考实验。就在我要再进考场的时候，父亲忽然想起来什么，赶紧跑上来把保温杯塞给我："喝点儿茶吧，会清醒点儿的。"

清香而和暖的气流在空中飞散，熏在瑟瑟秋风中，熏在我的脸上，我脸颊上仿佛有泪珠淌过的痕迹……

体会到父母的关爱，这位男生与父母沟通起来就比过去顺畅多了，也能够经常参加一些自己喜欢的科技实验活动，还拿过全国性奖项。2002年，中国和日本两国中学生举行远程教育交流活动，从人大附中12班选出了15名学生，其中就有这位男生。

男生发挥了自己的长项，就变得越来越有自信，也慢慢摆脱一些无谓的心理压力，性格也开朗了不少。而他的学业更是后来居上。他先后获全国中学生北京赛区物理、化学一等奖，并多次在科技创新竞赛中获奖，后来被保送进入北京大学数学学院。

2005年春天，北京大学爱心社组织了一次捐助活动，资助贫困地区学生。爱心社负责人就是这位男生，他把自己做家教挣的一万多元钱，赞助了一批贫困学童。"六一"节前夕，又把这些学童请进了北京大学参观，我得知后非常高兴并给予了一些赞助。

前人大附中校长刘彭芝是北京市政协委员，她曾经联合15位政协委员递交一份提案——《在各中小学设立心理教研与咨询中心的建议》。刘校长在这份建议中指出：根据著名心理学家王极盛先生公布的对全国中学生的多年调查结果显示，32%的中学生有心理问题。这些心理问题主要表现在10个方面：

1. 学习有很大压力。

2. 偏执。总觉得大多数人不可信任，自以为是。

3. 敌对。经常与人抬杠或者有暴力倾向。

4. 人际关系敏感。

5. 抑郁。认为学业、前途、未来没有希望，整日没精打采。

6. 焦虑。心里烦躁。

7. 自我强迫现象。明知没必要做还要做。

8. 适应性差。

9. 情绪不稳定。

10. 心理不平衡。对他人比自己强或获得了高于自己的荣誉而感到不平。

学生心理问题，可以说是严重的。据我观察，即使在人大附中这个优秀学生汇集的学校，有心理问题的学生的概率也不低于1/3。

我的反思

一个废品可以回炉，而出现心理问题的学生是难以回炉的。学生在人生最关键的时刻受到了伤害，受到心理打击，心理上的伤害是难以愈合的，甚至可能导致其一生都碌碌无为。说真的，有时候当老师、班主任时间越长，越觉得有点儿后怕。

2005年"五一"节，山东沂水一中的一个班搞20年班庆。我带这个班带了3年，从1982年到1985年毕业。班上同学老是给我打电话，一个劲儿让我回去。当时我想赶回去，又有些犹豫。

为什么？我觉得，最对不起的就是这帮学生。那时我刚带班不久，年轻气盛，有时控制不住情绪，也不大在乎学生的心理感受，不大考虑他们个人的想法，只想把这个班抓好。虽然这个班学生在各方面也挺好，但是我那时对学生的心理需求还是有所忽略的。

这个班班庆那天回去了50多个同学。20年后回去这么多同学，你想多不容易。而他们一直在等我，我不回去，大家就都等着。这样，我就回去了。当时同学们让我讲话，我本来想讲点儿别的，但我站起来说的却是完全没有准备的话："不瞒你们说，今天见了你们，我就觉得很愧对同学们。假如时光可以倒流，再带你们班，我可以做得更好一些，相信你们也可以取得更好的成绩。所以我今天见到你们既高兴，也有一种愧疚。"

学生们说:"老师,我们对你只有'感激'两个字。"听他们这样讲,我内心真的是百感交集。

老子说"治大国,若烹小鲜",我说带学生亦如烹小鲜。学生就是学生,可塑性很强。如果你不精心研究他们的心理,不精心采取适当的办法,一件看似不大的事,就可能把他们推入心理的歧途。当然,人人都会犯错。我也不能保证以后就不出错,但经历多了,错误也会越来越少。现在,我在学生面前每说一句话、每做一件事,往往都得想了又想。

我上数学课,有学生在看小说,这也是常有的事。我发现了,走到他跟前,我不会问:"你为什么看小说?"因为如果这样问,他没法说,就只好说"我没看",这样就不好处理了。我会这样说:"不瞒你说,我也非常喜欢看小说,但我可是考完大学了,你还不行。你先把这个小说借我看一段时间,等你考上大学了,我再把小说还给你,行吗?"

你说这个学生还说啥?他非常不好意思,大家也哈哈一笑就过去了。这很给学生面子。

心理问题重在疏导

有一天课间,我们班里两个男生,本来还在互开玩笑,不知是谁有一句话没有说到点子上,两人就打起来了。大家也不知道怎么回事,好几个同学上前拉都拉不开。当时我在教室里阅卷,抬头看着他们俩那个斗公鸡的样子,我就笑了:"看看你俩,多有男子汉气概啊!拉架的同学松开手,看他们怎么打!"

拉架同学松手了。那两个同学也住了手。我又说:"你们打啊,怎么不打了？"

我说完，其他同学都笑了。大家一笑，他俩情绪放松下来，反而不打了。

我当时的心态是很平和的，我觉得我这么说，反而会让他们的情绪平缓下来。

我说："你们不打了，这个事就得听候我发落了，你们两人先出来。你们先考虑考虑，问题到底先出在谁身上，先从自己的角度，从自己身上存在的问题说。"

其实我这么说，也是给同学解释的机会。他们就互相承认了错误，就和解了。我对他俩说："要学会让理智控制感情，不能自控的人，不会是有出息的人，对不对？"

那两个学生都冷静下来，流露出愧疚之情。我又问："你们两人敢不敢手拉着手上讲台上去，给同学赔礼道歉？"他俩属于那种外向性格的学生，真的就手拉手走上讲台，说很对不起大家，给大家赔礼道歉。

你想，这俩男生打完架彼此本来就处于一种对抗心理状态之中，如果老师再处理得强硬一些，那他们下节课甚至一天的状态会怎样？可想而知！

其实，一个学生心情舒畅了，他会全神贯注地学习，学习也变得容易一些。而学业不好大多是源于心理因素，是心理出了问题。

学生抗议我支持

有一年春天，人大附中组织了一次拔河比赛，我带的5班同学齐心协力、斗志激扬一路杀进决赛，但在决赛时出现了问题。由于决赛时间通知不到位，当我们班拔河队赶到比赛现场时，已经超时了。而对方以迟到为由，退出比赛。结果，校方有关组织者做出决定：对我班拔河队按弃权论处。

得到这一评判结果后，全班同学愤怒了，他们集体向学校提出强烈抗议。

事发后，学校领导找到我，对我班学生的行为大为不满，而我却笑了。这位校领导不解地问："你的学生闹成这样，你还笑得出来？"

我说："在事关班级荣誉面前，如果我的学生无动于衷，你们觉得这个班的学生还有希望吗？你们希望学生都是这样的吗？其实正是学生的这种举动，才使我看到了他们强烈的团队荣誉观念，这也正是这个班的希望所在。而当学生受了委屈时，应该允许有一定的发泄方式，他们发泄出来了，心里也就轻松了。至于他们在发泄过程中，表现出的一些过激行为，我觉得，学校应该在肯定他们动机的前提下，给予适当引导。"

当时那位学校领导听我说出这一番话后，也有了新的感悟。我不是包庇学生，我确实认为他们热爱班级的心情应该得到理解和尊重，采取压制他们的做法显然是不适当的。而他们也正处于青春期，产生了情绪，就应该给他们宣泄的方式和机会。

5分钟忘掉烦恼

我在人大附中接管过的5班是个普通班。高二期间，年级举行篮球比赛。初赛阶段，我们5班败给了11班。11班是实验班，学生素质好，他们班篮球队球技也高，在高一比赛时就是冠军。

因为这次比赛是循环赛，按照规则，初赛败了仍有希望进入复赛。我想，我们5班是个普通班，我得帮助他们打好这场比赛，建立起一种自信。于是我就开始做他们的教练（我曾是大学排球队的主力队员，篮球也还不错）。比赛前的一段时间，每天下午，我都领着他们练球，训练他们。

后来到了比赛时，一场一场地拼下来，我们5班篮球队一场没输，打进了决赛，而决赛的对手还是11班。

决赛是在中午进行的，很激烈。一直到半场比赛开始，双方的比分咬得都很紧。我是下半场开始时才到场的，观察了一会儿，就知道我们5班该怎么打了。

在这场比赛中，我们5班有两个主力队员的能力很强，但是其他几个队员的能力相对弱一些。于是，我就调整了5班的战术，主要围绕两个主力队员来打。由于战术得当，决赛结果是我们5班以8分优势战胜11班，夺得冠军。

我是5班的班主任，也是11班的课任数学教师。下午第一节课，正巧是11班的数学课。我一进11班教室，就看到他们班学生很难受，好几个同学都趴在桌子上哭了。这课就要没法上了。

这时我说："你们11班是实验班，你们赢得的比赛已经很多了，你们赢了只是锦上添花。但5班是个普通班，这场胜利对他们来讲太重要了，是雪中送炭。你们在初赛期间赢了5班，即便在决赛期间输了，大家也并不觉得你们是弱队啊。"

我接着说："人的一生，什么事情都不能一帆风顺，有的时候甚至会突发意外，面对这些，就看你们怎么样调整自己的心态了。现在就是对你们心理调整能力的一次锻炼机会，看看你们谁能够在最短的时间内把心态调整好，开始进入听课状态，我现在就给你们5分钟的时间，忘掉中午比赛的烦恼，开始进入学习状态，然后我再开始讲课，行不行？"

我这么一说，这些学生还真就擦干了眼泪，抬起了头，不到5分钟就进入了听课状态了。

那年寒假之后，学校安排我任职人大附中网校校长兼人大附新浪信息技术有限公司总经理。这样，我只能教一个班的数学课了，于是不得不把11班的课给辞了。11班学生听说后，集体送给我一个礼物，是一个笔记本。11班50多个学生，每人在本子上写了一首诗或词，因为他们知道我喜欢诗词。而我一直保存着这个本子。以下是其中的两首：

蝶恋花·赠恩师
逆水挥楫有几年
有缘同舟
飞鸿领群雁
蜡炬成灰塾室明
诲人不倦桃李艳

欢笑渐弱离别至
两桨相错
不舍盼相逢
回首起航望征程
荆棘路上踏歌声

浪淘沙·祝东风
把笔祝东风
尝共从容

并肩作战题海里

总是当时粉灰中

情谊浓浓

聚散苦匆匆

思念无穷

今载心比去年勇

祈盼今后事亦卓

荣与君同

学会放松神经

  如果留心，你就会发现，在同样艰苦的环境下，能坚持下来的，往往是那些天性乐观或者有幽默感的人。这样的事例很多。为什么？

  因为身上多一点放松，多一些幽默感，就能缓解一下心里的紧张压力。所以，对一个人来说，苦中求乐，多点幽默感，是生存的一种本领。乐观的环境可以感染人形成乐观的情绪，而在乐观情绪的支配下，无论是学习还是工作，都容易获得成功，所以说，乐观是一种精神财富。

  我喜欢跟学生开玩笑，也喜欢他们身上的幽默感。在我看来，12班多数同学都是有幽默感的。有个同学叫庞观，心地宽厚，以冷幽默著称于班。他说话做事，一举一动，自己不笑，但总逗得别人哈哈大笑。在12班有25个同学，这个班拿过全国学科竞赛一等奖，并有13名同学以保送资格进入了清华、北大。庞观同学的学习成绩在班里前五名，可是他多次参加学科竞赛，拿的一直都是二等奖，被同学戏称为"二等奖专业户"。即使在这种情况下，庞观同学仍不失其幽默感。

第一章
心态：优秀从心态开始

高三后半学期，班里填报毕业生登记表，其中有个栏目是"自我鉴定"，需要学生预写一下。当时12班团支书李峥同学负责收同学们填完的表，我跟李峥说："每张表要看一下，再交到我这儿，你要是觉得不过，就不用交给我了。"

李峥同学做事认真，看到庞观写的"自我鉴定"，就对我说："老师，这篇你看看。"我看了一眼庞观写的东西，还看到李峥在后面写了评语。

那天正式填表的时候，班里来了好多个学生家长代为填表，因为有些学生没来，出去参加各种竞赛活动了。我就讲了填表的要求。然后，我就问庞观同学："庞观，你那个'自我鉴定'，敢不敢就那样往上填啊？"

庞观说："不敢。"

我说："不敢你瞎折腾什么？"

他说："我写着玩儿的。"

我说："你敢不敢读一读啊？"

他说："敢。"

我说："那你就读一读。"

庞观就开始读了：

天地有正气，杂然赋流形。自盘古开天地来，世间出三位圣人。其一震古烁今，孔丘是也；其二惊天动地，孟轲是也；其三尚在成长而前途无量，即敝人也。吾上明天文，下晓地理；粗读兵书，博览史籍；略通琴棋，不谙书画，所长者德智，所短者体美劳也。爱好宽泛，兴趣广博。电脑游戏所玩无数，样样精通；足球明星所见不少，倒背如流。幼年在老家，人称"庞新楼"神童；今日在班里，人称"状元队"队长。志存高远，以建功立业为目标；

忧国忧民，以振兴中华为己任。如此人才，是非圣，孰非不圣？事实40%、吹牛30%、狂妄30%。后人（指李峥同学的评语）诗云：为什么周围这么黑，因为牛在天上飞；为什么牛在天上飞，因为你在地上吹。

大家都笑得前仰后合，而庞观同学也不笑，一本正经的。他一直保持着一颗乐观进取的心，后来考入了清华大学电子系。所以，有时候失去某些机遇并不可怕，只要保持良好乐观的心态去努力，在竞争中就能够抓住新的机遇。

我们希望学生把主要精力放在学业上，但也不必天天盯着课本。一个学生，如果从小学、初中、高中甚至大学都整天盯着课本，盯着学习成绩，头脑那根弦绷得紧紧的，也许会取得好的学习成绩，但也会失去更重要的东西，比如健康和快乐。

第 二 章

学业：拿高分可以是轻松的

> 什么样的学习方法才最有效？适合你的学习方法就是最有效的方法。你需要了解别人的学习方法，但不能照搬，而要在别人的方法的启发下，量身打造出适合自己的方法，这样才会产生最大的效应。

目标：有台阶就上得去

> 世界上最伟大的事业，都是一点一滴完成的。
> ——托马斯·格恩

制定自己的目标有多重要，对学业有多重要？对于这个问题，我们先来看《爱丽丝漫游仙境》中爱丽丝与猫的一段对话：

爱丽丝问："能否请你告诉我，我应该走这里的哪条路？"
猫回答："这要看你想去哪儿。"
爱丽丝说："我去哪儿都无所谓。"
猫说："那么，走哪条路都是一样的。"

这段对话的寓意是，如果没有自己的目标，那就意味着失去了对命运的把握，也只好任由命运来摆布。

说到学业，许多同学和家长一言以蔽之，就是勤奋二字而已。勤奋当然是基础，也是重要的，然而谈目标究竟有没有意义？且听我说。

要适应竞争环境必须制定目标

学习也好，工作也好，如何面对竞争，其实是每个人一生的作业。

2000年9月，我接手人大附中12班做班主任。12班是数学实验班，自然由数学老师来带，我正好教数学，又是当班主任出身的，就顺理成章接了这个班。那年人大附中有三个数学实验班，12班是第一实验班，可谓高手林立，同学之间的竞争也十分激烈。几个同学这样感叹道：

> 我在小学、初中期间学习成绩优秀，还担任大队长。可是升入高中以后，班上人才济济，而我的学习成绩也只能沦为"较好"。——肖盾
>
> 开学后集合一章的测验，提前做完而兴冲冲的我，却得到人生中的第一个不及格，这是我至今也无法接受的。——林一青
>
> 自从升到高中之后，我便感到了一种压力，在班级里，我的长处难以显露，短处却暴露无遗。——李博

其实，这些学生不是学习能力不强，而是在实验班里强手如林的情况下变得信心不足。当看到学生的学习成绩不理想时，我们就应该

琢磨一下，孩子真的是学不好吗？他们不缺乏学习能力，却没有了自信，这该怎么办？

学生当然要从自身找原因，而老师、家长也应该帮助孩子分析原因。

面对这种情况，我就跟这些同学谈。我说：大家都是优秀学生，优秀学生们在一起，自然是山外有山，天外有天。然而这未必是坏事。

我举了这样一个例子：有一群羚羊，生活在非洲大草原的奥兰治河两岸。一位动物学家偶然发现：河东岸的羚羊群的繁殖能力比河西岸的羚羊群的要强许多。而且，东岸羚羊群的奔跑速度比西岸的也快许多。这个发现，让这位动物学家大惑不解：同样的群种，同样的环境，同样的食物，为什么会产生这种差别呢？

为了解开谜底，这位动物学家想出了一个办法：他们在东岸和西岸各捉10只羚羊放到对岸。一年后，他惊讶地观察到，从东岸运到西岸的10只羚羊，一年后繁殖到14只；而从西岸运到东岸的那10只羊，一年后只剩下3只，另外7只全被附近的狮群吃掉了。动物学家找到的答案是：东岸羚羊群之所以强壮，是因为面临着天敌——狮群。

竞争是压力，也是生命的动力。那么，同学们到底应该怎么面对竞争？

我给学生们的建议是：找出自己的目标。如果你有了自己的目标，你就把命运掌握在了自己手里。

🎓 目标：跳一跳，够得着

我跟学生说，面对激烈的竞争，你要搞清楚自己的目标是什么。你不要管别人怎样，别人是第一还是第二都跟你没关系，别人是倒数第一还是倒数第二也跟你没关系。判断一个人的成功，重要的不是自己和别人比做得怎样，而是自己和自己的潜能比做得怎样。这样你就根据自己现在的位置，给自己制定一个更加实际的目标。目标不能太高，太高了高不可攀，一旦摔下来，会把你的自信摔掉；可也不能太低，太低会让你失去拼搏的斗志。也就是说，这个目标对你来说应该是，跳起来，够得着。

从一楼到二楼，没有楼梯谁也上不去；有了楼梯，人人都能上得去。

我对同学们说，目标确定以后，你埋头努力就可以了。你能够完成一个个小目标，每次考试你都能享受成就感，每次考试你都有自信，你就有可能挑战更大的目标。那么，到了最后的高考，你也就会拥有一定的实力和自信了。

经过我的开导，同学们都明白了制定一个合理目标的重要性。后来，12班李博同学（后来考入北京大学生命科学学院）说："我想通了，在这个群英荟萃的集体中，我为能与这些精英同班而感到荣幸，我不再苛求突出，只求每天向成功进步一点点。平和的心态造就了稳定的成绩，我的成绩在不知不觉中得以提高。"

目标合理来操作，轻松上个好大学

中学生学习的一个最直接的目标，就是考上一所理想的大学。

这样一个大目标时时刻刻压在中学生的头上，让很多同学对高考都产生了一种畏惧心理。但考大学，考名牌大学，真的有那么难吗？要我说，难不难，完全取决于你自己，取决于你的心态和行为本身。

我有一个学生叫黄爽，高中三年，期中、期末考试乃至模拟考，得过七次年级第一，仅有一次未进前十名，并且，他还连续两年获得全国高中数学联赛一等奖，被同学誉为"考试机器"（没有贬义啊）。

黄爽同学做过班里的学习委员，还担任过多个学科的科代表。在我的班里有个班规：本学期的科代表，必须是上学期期末考试的单科第一名。在六个学期里，黄爽同学先后担任了化学、语文、物理、数学、生物科代表。你想，他能把自己有限的精力用在班级学习建设中，还能取得累累战果，靠什么呢？

黄爽同学自己总结说："制定适合自己的阶段性学习目标，是打赢高考这一仗的必要条件。准备考试如同一次长跑，不能狂冲乱闯，应该对自己有一个充分的估计，根据自己的情况量身定做现实而合理的目标。只要目标制定得当并逐步完成，一步一个脚印地稳扎稳打，一定可以胸有成竹地笑傲高考。"

黄爽同学在高考前一年半就开始着手制定高考目标，他把一年半分为六个阶段性目标：

第一阶段是高二下半学期。虽说自己刚刚将理综三科学得半吊子，可我还是开始着手做"高考模拟38套题"。比别人先行一步，笨鸟先飞，笨猪先爬，是我的做人哲学，就好像《倚天屠龙记》中的主角张无忌，幼小时就被义父谢逊强迫背诵武功招式。但是切记，不能太过执着，以至于舍本逐末而忽视基础，因为内力不足而练高深武功会"走火入魔"的。

第二阶段是高三之初。每年的八、九、十月是竞赛旺季，作为参加十几年竞赛的学生，为了争取保送，至少要获得加分，我在数理化三线同时作战。事后证明，这样做不太明智。因为我的数学得了北京市第六名，而前四名才能进入数学冬令营并保送清华、北大。倒是在物理、化学上我拿了两个二等奖。于是，此时的我有了20分加分和保送资格。十月底，歇了歇，然后我抖去身上的征尘再上路。

第三阶段是高三寒假。我开始了最枯燥的复习——精读课本，仔细研究每一句可能成为考试内容的话，认真揣摩，不懂就问。如果仍用修习武功作形容，这段时间，我勤练内功，夯实基础。

第四阶段是高三下半学期始。这是我深入复习各科的时间。这时，厚厚的复习资料便派上了用场，为各科选一本或两本针对性强、有深度的参考书十分关键。深入复习，反复研读理解各知识点，力争做到熟极而流的地步。当然，丢三落四是常见现象，我的应对措施是，每次看新东西前，先读读上次的。最终，我做到了只要看见章节名称，就能默记出主线知识。如此往复，大大提高了复习效率。有了深厚内功，任何平平招式都能显出巨大威力。学习也是如此。

第五阶段是高三下半学期中。当时正值2003年四五月，京城"非典"肆虐，我们被迫在家复习。我也相应地调整了复习计划。我又一次找出高考模拟题汇编，做一些综合性强的题目以暴露自我缺陷。见惯各种题型后，我开始仔细做卷子，每次认真检查，按时停笔核对答案。同时，对于数学和物理，我尽量做到一题多解，如此积累了大量的解题经验，提高了做题速度，增强了做题感觉，解题技巧也日臻完善。大量做题，并在做题过程中保证清醒，是题海战术取得成效的不二法门。任何完美的事物都靠小处的精雕细琢，任何精雕细琢都需要胸中的大气。有一句话很经典："光捡西瓜饿死，光捡芝麻渴死。"

第六阶段是 5 月底。此时离高考还剩不到半个月的时间，学校复课，我也开始了最后一步复习，那就是总结和归纳。我重拾课本，返璞归真，但不再拘泥于此，而是加深印象。考完"三模"，拿下我高中阶段最后一个年级第一后，我静下心来，等候 10 天后的高考决战。

这就是黄爽同学的阶段性目标，颇有大侠风范。从他的这个阶段性目标中，你能看出他是如何逐步实施的。结果不出意料，他如愿考入清华大学基础科学系。

我跟学生们说：高考好比马拉松。马拉松怎么跑？这里是有智慧的。曾看过这样一个故事：1984 年，在东京国际马拉松邀请赛上，夺得世界冠军的是一位日本选手山田本一。此前他名不见经传，于是就有人问他："你凭什么取胜？"山田本一属于那种性格木讷的人，他只说了一句话："凭智慧战胜对手。"

两年后，在意大利国际马拉松赛上，山田本一再次夺冠。又有记者问："你凭什么夺冠？"山田本一还是那句简单的回答："凭智慧战胜对手。"

到底是什么"智慧"？ 10 年后，山田本一在自传中说："每次比赛前，我都要乘车把比赛的线路仔细地看一遍，并画下沿途醒目的标志。比如第一个标志是银行，第二个标志是红房子……这样一直画到赛程终点。比赛开始后，我以百米速度奋力向第一个目标冲去，等达到第一个目标后，我又以同样的速度向第二个目标冲去。40 多公里的赛程，就被我分成这么几个小目标一个一个地完成了。但是，在此之前，我不懂这个道理，我把目标定在40公里外的终点线上，结果我跑了十几公里就疲惫不堪，我被前面那段遥远的路程给吓倒了。"

高考与跑马拉松很相似，有的同学之所以半途而废，并不是因为困难大，而是战术上的问题导致了失败。如果你能像山田本一那样，把长距离分解成若干个短距离，逐一跨越，就会轻松许多；如果你能像黄爽同学那样，把高考这个大目标分解成若干小目标，再把这些小目标分解到每一天，然后把它做好，你就会觉得不难了，轻松了，有成就感了。而目标越具体，你也越清楚现在该做什么，怎样做才更好。

具体地说，你今年计划要考一所理想的大学，那么你首先就得给自己定位。定位到什么具体目标呢？就是高考你要拿多少分，这就是一个大目标。

怎么实现这个大目标？考题范围浩如烟海，你一定要找准自己的定位，然后对重点目标逐个实行定向突击。

平时功夫应该下到什么地方？你要算一算有哪个地方你能得分。如果你定下的目标最低是120分，那么接下来要做的就是怎么做才能得到这120分。

我看到，高考前好多学生把大量的时间用在了做成套的卷子上，在我看来这种做法不可取。各省市流行的"高考模拟38套题"，有些同学是一套一套地从头往后做，平均分配力量，这就是最没有目标战略、最没有针对性的做法。

那该怎么做呢？以高考数学试卷为例，如果要想得120分，在120分之内，除了简单的填空题和一般的选择题，还有六道大题。这六道大题，如果第一道题就出现错误，那你就很难拿到120分。所以，要分阶段地定点突破，第一道大题，一般都是三角函数题，如果三角函数不过关，那你得拿出一段时间抓紧突破，因为第一道大题都是基础题，只要基础知识掌握牢固，是完全可以拿下的。此外，前三道题往往有一道是立体几何题，原则上难度是中等偏下的题目，如果你觉得立体几何得分的把握性不高，那你就该对模拟题中的立体几何题实施定点突破。以此类推，当你分阶段地逐个重点突破后，你就可以充满自信地走上考场了。

考大学难吗？考名牌大学难吗？如果你合理操作，就一点儿也不难了。

享受学习

> 兴趣是最好的老师。
> ——爱因斯坦

一提到学习,很多学生马上变得愁眉苦脸,好像学习是孙悟空头上的紧箍咒。可是,学习真的这么可憎吗?在我看来,学习是获得知识的过程,也是获得快乐的过程。

既然如此,为什么我们不能享受学习呢?

兴趣:从学习本身发现

兴趣是学习的最大动力。学习不缺少乐趣,而缺少发现。培养学习兴趣,老师教课固然重要,但学习的大量时间是在课下,所以,如果学生自己能够发现并体会到学习兴趣,学习就是一件快乐的事了。

最大的学习兴趣,应该来自学生自己的主动发现,对各学科本身蕴含的美的发现。因为科学本身蕴含着美。有的同学很善于从学习中

发现兴趣。我的一个学生名叫张亦楠,他是这样说的:

我最初的学习兴趣很朴素:为了获得知识。小学和初中时期大体都是这样的。那种求知欲,那种获得知识的快感,足以支撑一个人在启蒙学习阶段达到"学而不厌"的境界。然而上了高中就不是这样了。课业的艰深、科目的纷繁远非小学初中所能比。这足以解释为什么那么多学生,上了高一不但不精益求精,反而怠倦了。

我刚上高一时,也经历过大约一个月的迷惘时期。然而这之后我忽然发现,在那些死板的分数和练习题背后,蕴藏着前人千百年的积淀,积淀铸就了美。我热爱美,任何人都不会拒绝美。美不光是提香的壁画和莫扎特的钢琴协奏曲,语文、数学同样蕴藏着美。我相信物理、化学、生物、英语也有美的存在,只是我未发现罢了。下面请允许我介绍一下语文和数学两门学科的美。

语文的美即文字的美。很多人认为文章的思想重于文字。我们学语文,就先要追求文字的美,所以我们阅读。我非常爱听语文课,尤其爱听老师讲课文。课本上的课文大都是佳作名篇,初读之时美即在远方徘徊,再读之时美已在身边缭绕,40分钟后美即在心中。

阅览名篇,就如欣赏一幅名画;品读佳作,胜于聆听一曲佳音,何乐而不为?

"暮春三月,江南草长。杂花生树,群莺乱飞。"读过此句,何人不会为之心动?心动为何?语文之美也。追求美过后,我们还要创造美。于是我们作文。

我对待任何学科，都以分数为第一标准，唯独作文不。时下文风浮躁，一些靡靡之音备受欣赏，几段感人小故事拼在一块，居然也算好作文。我以为文乃为创造美而作，决不为分数而屈服于其他标准。"少年文章多绚烂。"这就是我的作文观。我为创造美而作文。

数学的美是无穷的。古希腊哲学家毕达哥拉斯认为一切美源于数学。虽然有些偏激，但也不失为一说。简单说来，一题多解就是美。但这远远不能概括全部。发现数学的美需要站在一定的高度，居高临下方能发现。其实，数学的各个部分都有密不可分的联系。如果你将复数、三角函数、不等式、二次方程等知识分而破之，甚至分得更细，你永远无法体会到美的存在。

这位张亦楠同学对数学很有兴趣，高一期间觉得数学学得很精通了，一副傲然的样子，甚至对参加数学竞赛都不以为然，并扬言："我才不去搞那个没用的东西。"我看他对数学很有兴趣，也有一定见地，就鼓励他："你在数学竞赛方面应该探索，我觉得你很有希望。"他后来就在数学竞赛上动了脑子，结果在高三的时候，获得全国高中数学联赛一等奖，也获得了清华大学保送生资格，后就读于清华大学电子系。

兴趣：从学科周边知识中发现

兴趣，是一种探求某种事物的心理倾向。这种倾向是个性活动的源泉，是与愉快的情感体验相联系的。适当了解和关注学科周边的知识，也有助于增强自己的学习兴趣。我有一个学生叫陈子君，他认为：

> 学习兴趣不应仅限于对课本知识的兴趣。比如我自己，我对接触到的信息都充满了兴趣。这些信息包括直接的学科周边的知识（百科知识和前沿科学）。看看我订阅的报刊，就不难发现我获取的都是些什么样的信息：《读者》《青年文摘》《数理天地》《Newton 科学世界》《图形科普》《电脑报》《少年科学画报》《电脑爱好者》《轻音乐》……不一而足（好像没有体育杂志，因为我对它不感冒）。
>
> 平时有些同学说我是"理论王"，这固然反映了我光说不练的缺点，可也说明他们对我广博知识的肯定。对于我们同学谈论到的许多话题，尤其是联系到大量资料的话题，我都能引述到很多的知识。在应用中，我的知识也纷纷派上用场，比如在《SK 状元榜》比赛中，这些知识就助我夺得 7000 元奖金。
>
> 我最得意的作品是一篇主题为"对手"的作文。当时我在论据方面准备得不够充分，就在绞尽脑汁想论据时，我忽然想到了 F1 车坛上的老大舒马赫和后来崛起的莱科宁，又想到了显卡制造商 3dfx 的倾覆和新王者 NVIDIA 的崛起，于是便将其引用到作文里，十分切题，结果写出的作文得了 48 分（满分 50）。

从陈子君同学的经历中，我们看到，多涉猎一点学科周边知识，体验一些课本上没有的新鲜感，也会增强学习的兴趣，也有助于提高学习成绩。

我感觉现在厌学的学生不在少数，可他们并不是天生就厌学，他们也想学习，但为何落到厌学这个程度呢？其实，中学生实际真正有远大志向的并不多，也就是凭着一种兴趣学习，若是有兴趣了，不就想学了吗？

享受学习

享受学习？说得太轻巧了吧？也许是，也许不是，那要看你怎么学、以什么态度学了。

12班肖盾同学，高二时获得全额奖学金赴英国剑桥大学读书。在英国的学习生活，他使用了"享受学习"的概念。肖盾同学写信给12班同学说：

> 有人也许会说，享受生活还能说得过去，但"享受学习"就显得有点恶心了。可能我们过于深恶痛绝中国的教育体制中的某些弊端，而很少有人谈及喜爱或享受学业。而在英国，我肯定不是唯一能把"enjoy study"（享受学习）这个短语说出口的疯子，尽管"学习"是英国人最不擅长的事之一，要知道有的英国学生，连7×8都要借助计算器！

就教育环境、体制及习惯而言，中国与发达国家相去甚远，自然学生的感受也大相径庭。但是，不可忽视的是对待学业的心态。我们的中学教育一直强调刻苦,所谓"学海无涯苦作舟"。其实,以我做学生和做教师的体会,学业有苦的一面,可也有乐的一面。当你苦思冥想地解出一道数理化题,当你写出一篇自鸣得意的作文,这个过程本身,肯定会给你带来乐趣,带来成就感。我跟我的学生们向来都这样说:"学习是苦中求乐、先苦后甜的过程。"

其实在教育发达的国家里,提倡的就是一种享受学习的教育,国外很多学生都会将学习视为一种愉快的享受过程,而不像我们国内的孩子这样,一提到学习,就好像泰山压顶,头疼不已。

有一位母亲问我:"学生每天需要休息多长时间?如果每天睡眠六七个小时,会不会影响身体,能坚持多久?"

我说:"学习时间多少为宜,并没有一个统一的标准,那也要看学生的状态。"

这位母亲为什么会提出这个问题呢?因为她的儿子每天就睡六七个小时。她儿子以前学习不好,纪律性又很差,差点儿被学校开除。这个学生来到我的班里以后,变化比较大,学习劲头上来了。为了儿子考大学,母亲天天在家陪着他。以前是儿子不学习让她发愁,可是现在儿子突然像变了个人似的,每天都学到很晚,她又担起心来了。

有时候,到晚上12点了,母亲起床,看见儿子还在学习,就说:"孩子,睡觉吧,明天还要听课呢。"

儿子头也不抬地说:"我再学一会儿。"

到了凌晨1点,孩子还在学习。母亲醒来又过来说:"儿子,该睡觉了。"

儿子就不耐烦了:"不要再烦我了,高考前时间已经不多了,过去耽误了那么多时间,要不把损失的时间抢回来,我就没法面对自己的将来。"

第二天,母亲就不安地给我打电话,问:"我儿子今天听课认真吗?

是不是上课睡觉了？"

"他听课很认真啊。"我回答她，并开玩笑说，"你孩子那两只眼睛，就像盛开的两朵莲花一样开放在教室里。"

他母亲很奇怪："孩子哪儿来的精力？"

我告诉这位母亲："孩子一旦学习状态上来了，就像饥饿的人扑在面包上，会达到一种忘我的境界，从而进入一种良性循环中。当他体验到求知过程的激情，把学习当成一种享受的时候，是能够创造奇迹的。"

看到孩子忘我地投入到学习中，有的家长总想，这个孩子会不会太累了。其实，当他真正投入的时候，他的心理负担最轻，他的精神状态最轻松愉快。

要知道，爱迪生几乎每天在实验室里工作18个小时，在那里吃饭睡觉，但他丝毫不以为苦，他说："我一生从未做过一天工作，我每天都其乐无穷。"就是这个从未进过学校的人，这个报童出身的人，视工作为快乐，发明了灯泡、电话等1000多个专利产品，改变了世人的生活。

数学课可以是愉悦的过程

学生的学习兴趣靠自觉养成，而老师也有责任。

我在临沂师范学院读书期间，遇到好几位优秀教师，他们把数学课讲得妙趣横生，对我以后的教学生涯的影响很大。

我印象最深的是教我们教材教法的老师，叫杨燕军。杨老师有才华，有责任心，也很有水平，讲课全情投入，非常具有感染力。《教材教法》在学校里是很不受重视的一门学科，但是学生只要听他的课，那真是如痴如醉。在他的课堂上，气氛非常轻松，同学们经常被逗得哈哈大笑。

记得有一次，我们听说杨老师在讲师评定中落选，都感到很气愤，情绪也很激动，纷纷要去找学校领导鸣不平，并以全班名义给校长写了一封信，这在全校引起震动。学校充分考虑了学生的愿望，结果真的给杨老师评上了。后来这位老师成了临沂师范学院的院长。

还有一位是教高等代数的綦敦玉老师。綦老师讲数学如同讲故事那么轻松。他把一些深奥的数学知识用普普通通的语言讲出来，简直朴实得掉渣，而许多抽象的概念、复杂的推理，他也能够用非常生动而简单的语言一语道破。

给我印象特别深的还有一位是教数学分析的杜彪老师。他的谈吐，他的板书，他的一举手一投足，都非常潇洒，流露出掩盖不住的才华。

这三位老师就是我的榜样。我汲取了他们身上的风格特色，融合在了自己身上，并形成了自己的风格，努力让自己也变成一个受学生喜欢的老师，变成一个能够引导和激发学生兴趣的老师。

"尊其师，则信其道。"作为班主任老师，我对于授课是下了功夫的。我总是力争把我的数学课当作学生一天课的亮点、兴奋点。

我上课不带课本，我要求自己备课充分，对所教数学内容烂熟于心。我走上讲台，手执一根粉笔，却能把课讲得条理分明、栩栩如生，而学生们都是睁大眼睛听完一整堂课。而且我在上课时，不时来点儿小幽默，同学们都感到很愉快。什么叫幽默？幽默就是剩余的智慧。如果一个人连课都没备好，紧张得不得了，他能幽默起来吗？只有把课的内容烂熟于心、胸有成竹的时候，才可以来点儿幽默呢。

如果学生上课开小差，注意力不集中，意兴阑珊，我不怨学生。我在班里或在外面讲课，只要学生有睡觉的，或者有不听的，我就会说：

"这不能怨你们，只能说我的讲课给你们起到了一个催眠术的作用。说明我讲的课没有抓住你，没有吸引你，责任在我的身上，而你的这个行为，也使我不得不反思，所以要谢谢你给我敲响了警钟。"

每个老师都有自己的教学方式，而我喜欢活跃的课堂氛围，同学们当然也喜欢这种课堂氛围。12班有个学生叫陈远（在校时担任人大附中古典音乐社社长），后来去了英国牛津大学。在那里，他还会回忆起12班上课的活跃情景。陈远同学说：

在牛津大学的住所中，我常常一遍又一遍地看着电脑中12班的照片。热情、智慧、勤奋、创新、欢乐、宽容、礼貌、活力——12班方方面面的特点在我心中一一浮现。我在12班中度过了最有青春活力的时光。

难忘课堂上，同学与老师或争论或调侃或"挑衅"的活跃场面；难忘中午班中鸡犬不宁的打闹声与朗朗的读书声的遥相呼应；难忘下午第一节课，全班睡倒一片时老师的无奈；难忘考场上统练中，全班同学挥汗拼搏的身影；难忘行星英语课上，男生们一同犯坏的默契……对我而言，在12班的日子将必定成为我人生最重要的一段日子。

数学课可以是美的过程

我在大学学的是数学专业，又教了20多年的数学。我理解美学是基于数学的，数学能够体现一种对称与和谐之美，一种逻辑之美。这种美跌宕起伏，峰回路转，确实是震撼人心、令人叹为观止的。

我喜欢诗词，上数学课的时候，总会寻找一些诗情画意的东西。

比如说"山重水复疑无路，柳暗花明又一村"这两句诗很美吧？你怎么理解这种美？这在数学上太常见了，在你解题解得山穷水尽的时候，忽然茅塞顿开，体验一种顿悟的感觉，这就是那两句诗的意境啊！

还有一句诗叫作："淘尽黄沙始到金，苦到尽头方知甜。"这是诗的境界，也是数学的境界，还有一种哲学之美在里面。我跟同学们说，这句诗也是中学生活的写照。学习的过程就是一个苦尽甘来的过程，如果你更多地感受到学业的艰苦，说明你的"苦"吃得还不够，还没有到"甘"来的境界。所以，同学们在学数学的时候，除了长知识，还能享受美感，明白许多道理。

学生们听完这样一节数学课，相当于打开一扇窗户，洞悉了外面的天地，甚至能够看见树木渐渐变绿，看见河流变成大海。于是他就自愿地投入其中，其乐融融。有些学生学别的科目感到疲劳了，甚至会去做点儿数学题放松放松。

我的兴趣教学会不会是金玉其外，败絮其中？实际情况是，在2002年，我的学生中，有12位同学获全国数学联赛一等奖，占北京市一等奖人数的1/3；1位同学获北京市高考数学状元；12班刘翀、杨远同学代表中国学生，参加了在美国举行的国际英特尔数学大赛。

方法出效率

良好的方法能使我们更好地发挥天赋的才能，而拙劣的方法则可能妨碍才能的发挥。

——贝尔纳

光看看中学生书包中的课本就可以知道中学生要学的东西有多少！

如果没有一个好的方法，学习没有效率，怎么可能在短短的几年里，将那么多的知识牢牢掌握，从而应对高考呢？

🎓 陈子君的学业三招

如果你留意身边，就会发现，那些学业优秀的学生都很会学习，有一套自己的方法，所以就很有效率。我的学生陈子君曾获全国高中化学竞赛一等奖，后来考入清华大学基础科学系。陈子君同学是怎样提高自己的学习效率的呢？

他将自己的招数总结为以下三点：

第一，分门别类整理知识。

在大量获取信息的同时，我的思维完成了将各种信息分门别类加以整理并夹上书签的工作。其实这项工作，按老师的要求，应该在笔记本上完成，正所谓"好记性不如烂笔头"，高三老师往往还要求学生画出明确的"知识网络图"。可惜我没有这么勤快，我仗着脑子好使，从来都将知识在大脑里整理。我靠透彻的理解来掌握知识，将知识的形态，由信息过程转化为思维过程。这样，在需要调动某一方面知识时，我就能迅速地找到层层信息下面最细微的分支，从而满足实际需要。

然而知识浩如烟海。我这种方法，对条理较为清晰的理科比较适用，而对生物这种以大量事实作基础的学科好像就不太灵了。

第二，上课认真"听"讲。

也许你觉得，上课认真听讲是老生常谈了，其实我要说的是加上引号的"听"字。这"听"字中大有学问。熟悉我的同学，尤其是和我坐同桌的同学都知道，我有个不大不小的嗜好，就是玩文曲星，上课尤甚。然而有时老师叫我回答问题，我大概只用一秒钟的思考就把问题答上来了。并不是我哗众取宠，也不是我特立独行非要玩洋的，我玩的时候，两眼没盯着老师也没盯着课本，然而两只耳朵一直竖在那儿呢。

当我的眼睛处于"游戏模式"工作时，我的耳朵和大部分大脑，一直在"学习模式"下工作着。中学老师有个巨好的习惯，就是课本材料及黑板上的每段内容，基本上都会从他们的嘴里说出来，而且是完完整整地说出来，这就给我可乘之机了。我玩游戏，完全是不需要什么思考的条件反射，大脑一直在全速运转处理着听到的信息，这就好像一台有独立声卡的电脑，在放音乐时处理 3D，与不放音乐时一样快。

对我来说，盯着黑板与盯着文曲星，学到的内容并没什么两样。老师叫我回答问题时，我所要做的，无非是暂停游戏，站起身来，注视老师，回答问题了，切换模式的时间可以忽略不计。这么做，不仅没有威胁我上课的安全，对我的学习质量也没有影响，大概还使我捕捉信息的嗅觉更加敏锐了。

插入一句话，如果你想明天就开始上课玩文曲星，当我什么都没说。如果你没有上课玩游戏的习惯，完全可以将这大量充裕的精力，投入到更深入的学习中去，起码高考可以再加 20 分。

第三，有针对性地集中做题。

题海战术，一直是被人贬斥却又不得不面对的话题。高三学生，除了花样翻新的各种高效记忆法（比如倒序背单词），最具特色的恐怕就属这个了。君不见，多少学子，从高二暑假起，便义无反顾地投身题海，深陷书本试卷的围城之中，甘之如饴。题海战术，是一种方法简单、以高投入求高产出的学习方法，手段单一，目标明确。

然而，很多同学尝试过后，大呼上当，说做了那么多题，不见丝毫成效。被题海煎熬的高三学生们，虽有营养液做后盾，但仍然止不住地体力下降，各种思维能力均大打折扣，导致学习效率十分低下，远远达不到预期目标。

题海必须精简。在恰当的时候，对着某个特别需要的科目集中实施，速战速决，避免拖入消耗战。我的实践过程是这样的：在高三下学期刚开学时，我定下目标，要把英语分提高一个档次（8~10分），于是我开始狂做英语"高考模拟38套题"，以每天3套左右的速度，坚持了大概半个月，胜利完成了全部38+2=40套题，后来又换了一个版本，继续以每天一套的速度做了10多套。

在做题同时，我频繁拜访老师，用堆叠如山的错题，不断剥削着老师的脑细胞（向老师致敬！老师辛苦了！），在老师的帮助下不断摸索考试技巧。在将近一个月的集中轰炸过后，我的一模英语成绩达到了136分，比之前的平均水平128分提高了8分！

同时，我看到自己做数学题的时间不够充裕，经常有一道大题做不完，于是我决定压缩前面做小题的时间。我"故技重演"，集中做了20套的数学选择填空题，将以前共35分钟的耗时，缩减到25分钟不到，而且保证质量。可惜的是，高考的最后一题有点难，不幸没找到思路，害得我一番努力付诸东流。

不过，我的几点方法对我本人十分奏效，希望大家能有保留地接受。

通过陈子君同学的学业三招，大家也能看出，这位同学的成功并非偶然。

有一次，我不经意地看到了他的英语"高考模拟38套题"，每一道题都用铅笔工整地写下了答案、做题技巧和错误原因，其中还有老师讲解的痕迹。可见，一份收获，来自于一份有方法的耕耘。

学习方法：适合你的才是好的

一个学生怎么提高学习效率？关键要找到适合你自己的学习技巧。我教过的何煦同学原来成绩一般，但后来通过一套合理的方法，成绩有了很大的提高，后被保送至北京大学数学学院。那么他的方法又是什么呢？这位同学说：

> 入班之初，同学暴强，书本暴难，为了不得倒数第一，我展开了艰苦卓绝的学习。期中小试，竟获年级50名。大喜过望之后，我就懒散起来，每次大考掉××名（不是平均）。高二下学期，我渐渐明白了上大学的重要性，开始学习改革，千方百计提高学习效率：
>
> 1. 尝试记笔记。预习当天科目，复习难记内容，反复练习，以加深记忆。
>
> 2. 增强学习的主动性，比如自己去书店挑书或主动到老师办公室找老师。
>
> 3. 受同学影响，开始致力于调节状态和心情，千方百计提高做任何事（包括玩和睡觉）的效率。
>
> 4. 想方设法提高自己的学习动力。
>
> 5. 即使会浪费一些时间，也要多思考和尝试新的学习方法与思路。

什么样的学习方法才最有效率？我说：适合你的方法，就是最有效率的方法。也就是说，你需要了解别人的学习方法，但不要照搬，而是在别人方法的启发下,量身定制适合自己的方法,才会产生最大的效应。

我教的这么多学生中,每个同学的做法各有不同。比如,一位同学在谈到"知识网络图"这种方法的时候,就说:"我主张把各科知识点分类整理,做成图表。因为好记性不如烂笔头。在学习的过程中,'知识网络图'的重要性不言而喻,做好并掌握这样的图表,就能理清各种知识点的纵横关系,拓展思维,掌握具体方法和技巧,明确所学内容。"

同班的另一位同学的方法就有所不同,他的做法是,用脑而不是用手。这位同学说:"我觉得动笔记东西有一个缺点,那就是写在纸上的东西保留了'信息'的形式,有一部分无法完全记忆,总要回到纸上来现找,费时费力,形成所谓对笔记的依赖。"

那么,你认为这两位同学谁的做法更可取呢?多数学习好的同学都认为:别人的方法,你可以借鉴和参考,但决不要克隆和复制。因为每个同学自身情况不同,对学科掌握的程度不同,所以方法也会有所不同。每个人也应该相信自己的学习方法,切不可邯郸学步。学习方法多种多样,你且不可因为看了某篇文章,而放弃了自己的学习方法。所以,重要的是,制定适合自己的学习方法,方法对了,效率就来了。

听我"忽悠"你一把

学习是有技巧的。不信,听我"忽悠"你一把。

我外出开讲座,常跟家长、学生们讲:"高考前,我给同学辅导两个小时,多数同学的数学成绩能提高20分!"我说这话你信不信?是不是觉得我在忽悠你？

我告诉你怎么做。首先，我要根据学生自身的特点来谈。我先把上年高考题摆在这个学生跟前，一道一道地跟他"过"，然后搞清楚哪些题他是有把握的，哪些题是他可以通过努力有把握的，哪些是他根本没有把握的。然后，先把那些根本没有把握的题目砍掉，告诉他这是防不胜防的题目，要放弃掉。最后，专项去攻那些通过努力可以拿分的题。我跟他这样一讲，他就觉得问题很简单了，数学也很简单了。

在考前，他的方向一明确，思路一清晰，再集中优势力量突击一下，成绩提高 20 分，是神话吗？是忽悠吗？不是的。

当然，你问我，你在高考前，跟学生讲两个小时能提高 20 分，那么你讲四个小时就能提高 40 分吗？这次我不忽悠你了，因为这不可能。我试过，20 分是一个可提高的空间，而可提高的空间是有限度的。

在哪儿摔倒，就在哪儿爬起来

好多学生问："在数学上陷入困境怎么办？"我回答："在哪儿摔倒，就在哪儿爬起来。"

一个高中学生，遇到不会做的题，原因可能不是出在高中，而是在初中某一个时刻欠了账。也许是某个概念没掌握好，也许是某个方法没运用熟练。

有的学生一些数学概念不明白，所以做题一遇到这个概念，老出错，而你再多做题也没有用。只要你把这个概念问题解决了，就没有问题了，就轻松了。

所以，在数学学习上遇到问题的时候，学生有时候需要退，一直退到最原始的状态，你就知道在哪儿出问题了。做数学题得找到根源，一旦找到根源，问题就迎刃而解了。

北京八中少年班的一个学生，解析几何学不好，而解析几何在高考中分量是很大的，快高考了，他很着急，就找到我给他辅导。

我说我给你出三道题，只要这三道题一做完，保准你的解析几何就没有问题了。我这样讲是因为好多学生都害怕解析几何，我一说只用做三道题就可以了，他对解析几何就没有太大压力了。另外，解析几何有很强的规律性，确实每年高考基本上就是那几种题型。

我就找出前几年高考的一道解析几何题，让他做了一遍，他没有做出来。

于是我给他讲了一遍，再让他做，他还是做不出来。我说："你知道你的解析几何问题出在哪儿了吧？解析几何题目中的一个很重要的问题就是计算问题，这个题难吗？"

他说："不难。"

我说："不难你为什么做不出来呢？第一，你自信心不足，你本身就以为自己解析几何不行，因为解析几何计算量很大，你就不想往下算，所以就会自信心不足。第二，计算能力不过关。这个时候就得反复练习，做一遍不行做两遍，做两遍不行做三遍，一定要把题做出来，只有做出来，你才会感觉到里边有很多你发现不了的问题，有很多你欠缺的问题。然后你知道问题在哪儿了，信心也就足了。"

结果这个学生用了一个小时，做了好几遍，终于把结果做对了。我问："你知道你的问题在哪儿了吗？"

他点点头说："以前我做着做着自信心就不足了，老怀疑这样往下做行吗？"

于是我就给他分析说："解析几何第一步是检查框架，先居高临下，站在高处看这道题，然后再考虑每一步的解题步骤。即使你做不出来这道题，只要你踏踏实实按照步骤来做，你就能得步骤分。如果你能顽强解出一两道题出来，你的自信心就出来了。"

然后我问他："做一个类似的题目你敢不敢？"

他说："现在我敢了。"

再做第二道题，他做一遍就成功了。然后我再给他将这道题层层剥开，比如，怎么入题，怎么分析，怎么具体实施，把看似零乱的思路，构建了一个若隐若现的框架。我告诉他，以后每一道题基本上都按照这个框架来。

我问他："明白了吗？"

他回答："明白了。"

让他做第三道题的时候，我说："你来说思路，而不是我说思路。"

结果他把思路说得头头是道，我说："你再做看看。"

果然他一做就做出来了。我说："行了吧？解析几何原来就是这么简单！"

这个学生高高兴兴地走了。当年，他考上了清华大学。

我是学数学专业的，教数学也有20多年了。数学是考能力的。什么叫能力？灵活运用基础知识就叫能力。基础知识包括什么？就是基本概念、基本技能和基本方法。

基本概念。对基本概念要认真剖析，如果对这些基本概念理解不深刻、不到位，会对后续的学习造成很多困惑。学生做题不知道错在哪儿，其根本也在概念理解不到位上。

基本技能。好多家长说孩子马虎，一道题其实会做，但就是做不对。好多家长也把这个错误归结为孩子马虎、粗心，其实不是的。这是基本技能不过关，这个现象几乎存在于每一个学生身上，但是好多家长总是拿粗心马虎说事，老说"你看我这个孩子马虎"。我说："你知道别的孩子不马虎吗？只要是所有学生共有的特点，家长就不能说是你的孩子独有的特点。学习数学就是要解决马虎的问题，让学生变得不马虎，这就是数学学习的特点之一。"

基本方法。在数学科目中，有好多数学思想方法还是非常重要的，这也是高考的一个重点。比如，数形结合、方程思想等，都是数学上很重要的思想方法。在学习过程中出现挫折没关系，只要经常反思，犯错误的机会就越来越少，也就逐步进入了一个更好的学习境界。这需要一个过程，在这个过程中需要有恒心。

好多同学就是在这些基本概念、基本技能和基本方法方面出了问题，又不明白为什么学习成绩上不去。于是，这一学科就成了他的弱项了，就导致了偏科的现象。

考场如战场，偏科乃是考生的大忌。对于中考和高考来说，总分高才是硬道理。过于偏科是不可取的。解决偏科问题，首先要解决心态问题，第二才是方法问题。有的同学数学这一科学不好，学不好就想放弃。以我的感觉，越是某一科薄弱的学生，上升的可能性就越大。比如，如果你数学能考 140 分，可你想达到 150 分就太难了。但是如果你的数学成绩是 70 分，只要努力，稍微费点儿力气，把基本概念搞懂，把课本的题做会，想考 100 分其实是很容易的。

所以，学习的一个方法就是，从哪儿跌倒就从哪儿爬起来。其实，一个学科的基本概念、基本技能和基本方法，学习和掌握起来并不难。

🎓 思考的力量

我觉得学生做题，尤其是做数学题，一定要会思考。这点非常重要。

孔子说"学而不思则罔，思而不学则殆"，意思是说学习和思考都很重要。

爱因斯坦带过两个学生，其中有一个学生天天看书。爱因斯坦早晨来的时候，发现这个学生在看书；晚上来的时候，发现这个学生还在看书。

爱因斯坦就问他："你早晨在看书吗？"

学生回答："是的，先生，我早晨在看书。"

爱因斯坦接着问："那么你中午也在看书吗？"回答是中午也在看书。

爱因斯坦问："那你晚上也在看书啊？"

这个学生心想老师是不是要夸奖我了，就赶紧说："我晚上也在看书。"

没想到，爱因斯坦问："那你什么时候在思考？"

好多学生没有领悟数学的特点。为了完成老师的作业，光去追求做题的数量，就像狗熊掰玉米，不看效果。这样学数学，一般学不好。一道题做错了，不管是老师批改的，还是自己对答案对出来的，你就应该立即反思，这个题错在哪儿了？这样的反思不会耽误多长时间，但从此以后，遇到类似的错误就可以避免，数学就会逐步学好。

从这点上来讲，我反对数学搞题海战术，而提倡解题后的反思和归纳。当然，不搞题海战术并不是不做题，必须有一定题量的保证。

我经常给学生强调一个观点：这道题，高考不考的可能性是100%，为什么要做？另一道题高考不考的可能性也是100%，为什么还要做呢？

现在有些学生作业题一堆一堆的，为了完成任务，经常学习到深夜，第二天上课又无精打采的，长此下去就造成了恶性循环。只有解决好为什么学数学的问题，把数学特点理解好，知道学数学是为了干什么，学生在学数学的时候就会带有一定的目的性，才能焕发出学习的自觉性。

回到上面说的问题：这道题高考不考的可能性是100%，为什么还要做这个题呢？就是通过做这道题训练一种速度，提炼一种方法，形成一种技能。因为你做这道题，这个题目的思想和方法就在你头脑中得到了沉淀。将来再遇到类似的题目，类似的现象就会刺激你的大脑，使大脑的沉淀被激活，于是当初的情景就会再现，就能立即搜索到一些解法和答案。做题的意义就在这里。

数学是不怎么需要记忆的一门学科，虽然数学有很多公式，但是这些公式要在理解的基础上学习。你若都能理解了，那么就会用了，用得越来越熟练，就不需要格外费劲去记忆了。所以有很多人把数学当成一门记忆的学科是不对的。可以说，学习数学没有记忆的负担，数学是很好学的一门学科，只要你的能力上去了，就能兵来将挡，水来土掩。有些同学一学数学，首先就顾虑胆怯，好像自己天生就学不了数学似的，这都是因为不了解数学的缘故。

数学是换脑的一门学科。特别是对低年级的学生来说，学数学的目的是什么？就是换脑。说得通俗一点，当你考虑不严谨的时候，通过学习数学的训练就会变得严谨了；当你计算不准确的时候，通过学习数学就会变得准确了；当你反应不灵活的时候，通过学习数学的刺激就变得灵活了。于是这个学生整体素质就得到了提高，整体素质提高了，学生将来干什么都能行。数学的特点就是在这儿。

所以，数学这门学科虽然看似没有用处，但是对于掌握数学的人来说，将来无论做什么都夯实了基础。比如，诺贝尔经济学奖获得者好多都是数学专业毕业的，他们把数学应用在经济上，就能够形成一种新的经济理论。

寻找学习的动力

> 情感和愿望是人类一切努力和创造背后的动力。
> ——爱因斯坦

学习是一个漫长的过程，如果没有持续的动力，让学生保持一种学习的热情是困难的。

现在的家长总感到身处环境优越的孩子学习缺乏动力。那么，学习的动力由何而来？

学习动力之一：自尊

我在沂水一中任教时，有个男生家是农村的，他平时老实本分，高三的时候成绩突然急剧下滑，情绪也很不对劲。我是班主任，一看这个情况就跟他谈话。他告诉我，他不想读书了。我就问他为什么。

男生说，他爸爸给他找了一个对象（当时像这样的情况在农村里非常普遍），对方也同意了，因为那个女孩觉得他在一中上学，将来肯定有出息。但后来那女孩经调查了解才知道他学习成绩并不好，就不愿意了，要求退婚。可是，他爸爸已经把彩礼都送给人家了。于是，这个男生情绪就非常低落，感觉被人抛弃，被人瞧不起，自尊心很受伤害，就想退学回家，放弃学业，甚至还想到了报复。

我了解完整个事情以后，就跟这个男生说："你是不是一个男人？人家女孩一开始看得起你，是觉得你将来能考上大学，能有出息，她也能得到幸福。后来为什么不同意了？就是嫌你学习不好，估计你将来考不上大学。人家瞧不起你了，你就觉得不行了，还想到要报复，怎么报复？捅人家一刀？还是抱着炸药包同归于尽？那是光彩？你要真正是一个男子汉，能不能在关键时刻争口气，学出个样儿给他们看看？要想让别人瞧得起你，你首先要瞧得起自己。别人瞧不起你了，你更要发奋，要奋斗，将来考一个好大学，把后悔留给她。"

我把这个学生说了一顿，又把他的家长叫来了，我说："你这个家长太糊涂了，你的孩子本来学习上有潜力，但现在他被这件事弄得无心学习，还想去报复人家，这孩子一旦产生了报复心态，就会畸形发展，这是很危险的。"

这位家长听我这么说，也觉得很后怕，问我应该怎么办。我说希望咱们家长和老师要一起配合，鼓励孩子用功读书，争一口气。人活着不就是一口气嘛！

后来，这个学生醒悟过来了，在半年时间里，努力发奋，最后考上了一个中等专业学校，那是20世纪80年代初，在农村能考上中专的人已经属于凤毛麟角了。考上中专后，原先那个提出与他吹了的女孩又来找他，希望再续前缘，但被这个男生婉言拒绝了。

人都是有自尊心的。一个人如果为了维护自尊而做出正确的选择，那他有可能创造超出想象的奇迹。埃里克·威亨姆是个盲人登山运动员。在 13 岁那年，他因罕见的视网膜遗传疾病导致双目失明。但是，他不肯向命运低头。他拒绝使用拐杖，拒绝学习盲文，坚持认为自己能应付正常生活。2001 年 5 月，年轻的埃里克向珠穆朗玛峰发起了挑战。他用 13 个小时走完了原计划 7 个小时完成的路程，终于登上了海拔 8848 米高的珠峰，成为世上第一个登上珠峰的盲人登山运动员。

🎓 学习动力之二：自强

学生的学习状态总是能从他们的情绪中反映出来。所以，我一直比较注意观察学生的情绪。我在沂水一中任教时，还有一个农村学生有段时间学习不在状态，我就问他怎么了，这孩子就跟我讲了家里的一件事。

原来，这个学生的父母是老实巴交的农民，村里划宅基地，村干部就把他家里的责任田划成了宅基地。这个学生的爸爸就天天找村干部，但是村干部就是不给解决，明显是欺负他家。

这个孩子星期六回家的时候，听他爸爸一说，也很生气，就去找村里的书记理论。但人家村支书知道他在学校学习也不好，根本不把他放在眼里，就对他说："你不过是一个差生，有什么资格跟我说话？你有本事将来考上大学，我就把宅基地退给你，要是考不上大学，你没有资格跟我说话！"

当时这个村子里没有人考上过大学，村支书觉得他也考不上，就这样奚落他，弄得这个学生十分郁闷，情绪不好，学习成绩也下降了。

听他说完后我就笑了，对他说："或许因为这件事你就考上大学了。"

他很诧异："为什么？"

我说:"这个村支书其实是做了一件对你很有利的事,将来你爸对这个村支书的愤恨可能会转化成一种感激,当然这是一种另类的感激。为什么?你们村没有出过一个大学生,你为什么不能成为第一个呢?你如果能考上大学,那个村支书肯定是乐颠颠地上你们家去喝喜酒,那个宅基地不仅要还给你家,还可能给你家补偿。你从这一点上想想,考大学不单纯是为了你自己,从家庭利益上,你现在就应该不顾一切地去拼一把!把气愤转化成学习的一种动力,一种激情。只要你考上大学,以后什么事都好办。"

他说:"老师,行吗?"

我说:"行啊,只要你考上大学,我保准你们家所有问题都能解决,要是解决不了,我去找你们村支书,给你解决。"

这个学生后来化郁闷为力量,最后还真的考上了大学,成了他们村里的第一个大学生。那个村支书一看,觉得这家人的儿子以后不得了,不能得罪,就把他家的责任田给恢复了。

学习动力之三:持续激励

我曾任教的山东沂水一中是县城里的中学,也是山东省重点中学。那时,乡镇也有一些中学,但乡镇中学往往规模小,所在地区经济条件又不好,所以往往留不住好老师,也留不住好学生。

有一所乡镇中学叫高桥中学,这个学校高一年级只招了40个学生,可到了高二时,一个年级就只剩下了22个学生了。这种状况下,老师教着也没劲,学生学着也没劲。其中有一个学生名叫林学增,高一、高二时就那么稀里糊涂地学下来了。到了高三,他发现这样下去不行,如果再这样待下去,他上大学的梦可能就破灭了。

第二章
学业：拿高分可以是轻松的

于是，林学增骑车骑了五十多里路，跑到沂水一中，向学生们打听谁是一中最好的老师。那会儿我在学生中小有名气，学生们就告诉他是我。于是他中午就找到了我家，进门时脸上的汗都没有擦干。他把自己的情况跟我说了一遍，然后央求我说："老师，你能不能收留我？"

我很为难，对他说："第一，能不能要你，我说了不算，因为我只是一个班主任。第二，以你现有的学习水平到一中来，到我这个班来，可能跟不上课。"

可是，这个学生很固执："老师，我一个农村孩子，这么大老远骑车跑到这儿，你就留下我吧！"说着，他竟然要跪下来了，我赶紧扶住他，说："我再考虑考虑。"这孩子真是不容易，我当时就想破个例，不管学校同不同意，先留下来再说。

我对他说："你可以留下来。但等到期中考试，如果你能够考到这个班里前六十名（当时班里是80个学生），我就要你，我也好跟学校交代；如果考不到前六十名，你就走人，行不行？"

林学增点头说行。结果，我就把他收留了。到10月期中考试，他考了第六十三名。这个学生就打点行李走了，走到半路，想想觉得不应该，不管怎么说，得跟老师告个别，就又回来了。他就这么背着一个破铺盖卷和一箱书，一路劳累，又回来了，来到我家。

他说："老师，我这次考了第六十三名，没有达到目标，我就要走了。想起我在班里待了一个多月，你对我也很好，所以回来跟你告个别。老师，你放心吧，我已经知道了自己天生不是考大学的料，我也想明白了，还是回去踏踏实实种地吧。老师我来看看你，是表示感谢。"

可是，我从心里已经接受这个学生了。一个基础很差的学生，努力了一个多月，能考到第六十三名，这已经相当不容易了。我就说："你这小子怎么这么没骨气？你看你刚来的时候，在班里倒数第一，现在一个多月的时间，你能冲到第六十三名，说明你的潜质是最大的！你怎么说不是考大学的料呢？如果按照这样的速度进步的话，你完全有可能考上大学，就看你敢不敢挑战自己了。"

林学增很感动，就问我："老师，你还能留我吗？"

我说："我怎么不留？你能不能争口气？用你的实际行动来证明自己？"

林学增同学没想到我会留下他，他带着一份惊喜，一份感激，学习的劲头简直就像快要饿死的人扑到面包上似的，每天学到深夜，完全把学习当作了一种奋斗的享受了。

我看这个孩子那种劲头，心里自然欣慰。果然，到了期末考试，林学增同学就考到了班里第三十三名。这时候，同学们就已经感受到来自他的竞争压力了。而经过努力考到了第三十三名之后，林学增就预感到成绩还将要再创新高。

20世纪80年代，一般的农村学生能考上中专就挺不错了，但他的目标已经不是考中专了，他要考一所好大学！

林学增继续努力，到了第二年的3月，他在一次大型考试中考到班里第十八名。这个时候，他又做了一件出人意料的事情，他给我写了一封信，说要把名字改成林冲，他说："为什么要叫林冲呢？因为现在已经是最后的时刻了，我一定要冲一把，我要考清华大学！"

高考前一个月的考试，他考到了班里第八名。他跟我说："老师，我现在最希望的事情就是高考能再延期一个月，只要再给我一个月的时间学习，我一定会拿班里第一，一定能上清华。但现在时间已经来不及了。"

我说："再有一个月就足够了。你从第八十多名变成第八名，一个月平均提高20个名次。现在还有一个月的时间，这一个月只要好好干，足以能够成为班里第一名，也足以具备冲击清华的实力，就看你有没有这个信心了！"

最后，在1989年高考中，这位同学总分排名学校第三，第一志愿报了清华大学，但遗憾的是，由于种种原因，那年一些名校招生名额被临时减少，该生未能如愿进入清华，而考入另外一所名牌高校。

你说一个人的潜能有多大？一个基础差到不能再差的学生，到我班里学习了几个月，最后考进了学校前三名，凭的是什么？这个学生不笨，但他智力并不超群。这主要是因为起初他有一种感恩的心态，他觉得老师给他提供了这样一次机会，他一定要用成绩来回报，这就是他的原动力。而当他全身心投入的时候，突然发现学习原来是那么富于挑战性，便焕发了奋斗的激情了。

学习动力之四：改变贫穷的愿望

每个人都需要寻找上进的动力，这种动力可能来自自尊、自强，可能来自感恩，也可能是来自改变贫穷的愿望。

在山东沂水一中时，我班还有一个学生，在同学眼里他行动诡秘，每天早晨出完早操，大家都去食堂吃饭，可是这个学生却急匆匆地往校园外面走。校园外面是荒郊野外，大家都很纳闷儿。后来，有几个好事的学生跟在他后面，才发现了秘密所在。

原来这个学生的父亲一年前病故了，剩下他和他的母亲相依为命。他母亲身体不好，而当时农民的负担又比较重，孩子上学也需要一笔花费，他母亲以一个人的能力，实在没办法供得起这个孩子，就边打些零工，边去讨饭。讨到饭后，第二天早晨，就在我们学校外面的一个石坑附近等着他的孩子。孩子来了之后，母亲把讨来的饭交给孩子，孩子回来继续上学，母亲继续去讨饭。

对于现在城市里的孩子来说，这种情况几乎是不可想象的，但是它又是真实存在的。

我原先也不知道这件事情，后来偶然一次跟其他同学聊天，同学说起来我才知道。我当时都不敢相信还有这样的事。我很感慨，也给他一些力所能及的接济。高考前，我问这位学生有什么打算。他说："我今年打算报考军校。因为军校没有学费。我这一年多来就靠我妈讨饭供着我，以后我一定不会让我妈再受苦了！"

后来，他终于如愿以偿考上了军校。现在他在广州，是一艘战舰的舰长。

对这位学生而言，改变家里的穷困生活，就是他学习的动力，高考的动力，一生的动力。我在沂水一中教书期间，有很多学生都是农村的。我们学校一个月放一次假，按理说，他们回一趟家，大老远来来回回，应该感到疲劳才对。但每一次放假回来，学生学习的劲头就会上一个台阶。我问学生们为什么会这样。他们告诉我："回家一看穷成这样，父母为给自己凑学费，往往是借钱借半个村，那种滋味真是不好受，就想着回学校来一定要努力学习，将来改变这一切！"

他们还说："平时天天在学校里，和同学们说说笑笑，就忘了这些，一回家看到父母省吃俭用，心里受到很大冲击，以后要是再不努力，都对不起自己的良心。"

人们常讲，现在城市里的孩子生活条件好了，往往失去了奋发向上的动力。其实，贫困必然导致有动力吗？富裕必然导致没有动力吗？也不是，这取决你的选择。生活在向富裕的方向变迁，没有人愿意过贫困的生活。但是，那些身处贫困的孩子，当看到自己家徒四壁的时候，他们至少可以把改变贫困当作他们生活的动力。

第二章
学业：拿高分可以是轻松的

法国有个人叫巴拉昂，曾经是穷人，后来从推销装饰画起家，最终成为法国首富。临终前，他说不想把自己成为富人的秘诀带走，就立下遗嘱：谁若能答对"穷人最缺少什么"这个问题，就可以得到他留下的100万法郎专项资金。消息通过媒体传出后，许多人给出了答案，这些答案包括金钱、机会、技能、帮助、关爱等。可是，打开巴拉昂的保险箱后，最终发现答案却是雄心。看到这个答案，许多富翁都承认：雄心，改变贫穷的雄心，才是生命的永恒动力，才是点燃奇迹的火种。

美国历史上有一位副总统亨利·威尔逊在他的自传里这样说：

我出生在贫困的家庭里。当我向母亲要一片面包，而她手中什么也没有时，那是一种什么滋味啊。我家确实穷极了，但我不甘心，我一定要改变这种情况，我不会像父母那样生活，这个念头无时无刻不缠绕在心头。在10岁那年，我离开了家，当了11年的学徒工，每年可以接受一个月的学校教育。

在我21岁生日之后的第一个月，我带着一队人马进入了人迹罕至的大森林，去采伐大圆木。在经受贫困的煎熬中，我下定决心，一定要改变境况，决不做贫穷的俘虏。一切都在变，只有我那颗渴望改变贫穷的心没变，我不让任何一个发展自我、提升自我的机会溜走。在我21岁之前，我已经设法读了1000本好书，这对于一个农场里的穷孩子来说是多么艰巨的任务啊！在离开农场之后，我徒步到100里之外的马萨诸塞州的内笛克，去学习皮匠手艺。

一年之后，我已经在内笛克的一个辩论俱乐部脱颖而出，成为其中的佼佼者了。几年后，我进入了国会，后来，我又竞选副总统，终于如愿以偿。可以说，我一生所有的成就，都要归结于我这颗不甘贫穷的心。

学习动力之五：感恩

我的班上曾有一个女孩，家里有四口人。在她上高二的时候，她弟弟在河里发生意外，溺水身亡。不久之后，她爸爸又得了脑出血，农村治疗条件不行，交通也不行，因此没有救过来也死了。眼看家里两个男的，一个是儿子，一个是丈夫，短时间内都死去了，她的母亲伤心不已，整天哭来哭去，后来得了胃癌，最后也病故了。这个女孩转眼之间便成了孤儿。

生活如此不幸，实在是人间惨剧。在这种重压之下，女孩连活下去的勇气都没有了，在学校里有过好几次轻生的举动，这让其他同学都很紧张，随时都关注着她。

面对这种状况，我就把她请到我的办公室。我跟她说："你不用担心，只要是你在我的班里，学习不会有问题，生活也不会有问题。"

我给了她一些生活上的资助，全班同学也帮了她一部分。后来，我又跟县民政局反映了她的情况，民政局也资助了她一部分。

这个女孩带着感动，带着感恩，慢慢地恢复了生活下去的勇气，一步步走了过来。这个孩子很要强，最后考上了临沂农校，成为当地农科所的技术员。

一个孩子应该有感恩之情，感激父母，感激老师，感激社会。如果孩子怀有一颗感恩之心，内心就会充满阳光，干事情也会劲头十足。

一个孩子如果不知道感恩，老觉得父母对不起他，同学对不起他，老师也跟他过不去，他的心里就会越来越阴暗，易于消沉，甚至堕落。

中国台湾地区第37届"十大杰出青年"中有一位名叫赖东进，是一家专门生产消防器材的大公司的老板。他小时候家境贫寒，父母都是盲人，母亲还是智障。除了姐姐和他，几个弟弟妹妹也都是盲人。父母都是乞丐，住在乱坟岗上的墓穴里。赖东进一生下来就和死人的白骨相伴，能走路了，就开始和父母一起去乞讨。

在赖东进9岁的时候，有人对他父亲说："你该让儿子去读书，要不他长大了还要当乞丐。"于是父亲就送赖东进去读书。开始读书后，赖东进从来不缺一天课，每天一放学就去讨饭，回来就跪着喂父母。后来，赖东进上了一所中专学校，竟然获得了一个女同学的爱情。但未来的丈母娘却说："天底下找不出他家那样一窝人。"她把女儿锁在家里，用扁担把赖东进打出了门。

种种难以述说的苦难，给了赖东进不可多得的磨炼，最终促使他走向了成功之路。赖东进说："我对生活充满感恩的心情。我感谢我的父母，他们虽然是盲人，但他们给了我生命，至今我还是跪着给他们喂饭。我还感谢苦难的命运，是苦难给了我磨炼，给了我一个与众不同的人生。我甚至也感谢我的丈母娘，是她用扁担打我，让我知道要想得到爱情就必须奋斗，必须有出息。"

学习动力之六：体验困境

有时候，当一个人面对困境的时候，才会焕发出动力，才会有一种改变现状的愿望，而这种愿望是别人没办法给你的。

我家里弟兄四个，我是老大。二弟挺争气，读了一个本科；三弟就不懂事，精力过剩，却不好好学习。

我父亲1986年病故。当时我在父亲坟前许愿，一定要把兄弟几个的事承担起来，把兄弟几个带好。后来有一次，我就把三弟叫到家，对他说："你高三了，还不用功学习，将来考不上大学怎么办呢？"

三弟说："我出去闯。"

我说："高中这么好的机会，学习都上不来，你出去闯什么？你有本事现在就闯，在学习上好好闯！"

三弟还嘴硬："现在我就开始闯了。"

我说："你就在社会上闯啊？你为什么不在学习上闯呢？"

三弟说："大哥你别说了，你不用管我，我就这样了，反正我也不想考大学，我将来自己在社会上就算饿死了，我也愿意。今年我一定是考不上大学了。"

三弟的话让我十分恼怒，我就骂他："你从小跟着我，我为你操这么多心，今年高三了，你说不考大学了，你还算一个人吗？"

但三弟根本也听不进去我的话，后来大学也没有考上，他也不想再补习了。没有办法，我只有尽大哥的责任，帮他联系了到一个金矿上工作。联系工作的时候，我跟那个老板说："你也不用给他什么照顾，该下矿就下矿去。"

三弟就和那些工人一起下矿淘沙挖金子，一起吃住。可是，他毕竟年龄小，体力跟不上，身体吃不消。他在矿井里面干了一年多，后悔了，又来找我，我也不理他。后来，他又干了半年。过年的时候，他又来了，恳求我说："大哥，能不能给我一次机会？"

我说："给你什么机会？"

三弟说："能不能再给我半年的机会，让我去复习？"

我说："当年那么好的条件，你都不学。现在当了一年半工人，高中那点儿东西早就忘光了,现在还怎么学?算了算了,我可不听你那一套。"

三弟说:"大哥,如果你能给我半年的机会,你看我怎么表现。"

看他说得很真切,我想了想,就说:"好,那我就给你半年机会。"

当时还有半年就高考了,弟弟插班进了一个高三班。他好像是变了一个人似的。以前,他一天到晚满天飞,整个学校的人都认识他。但自从回来复读以后,他整天就是食堂、教室、宿舍三点一线。努力了半年,考上了天津师范大学,学的是计算机专业。毕业后,在中国银行工作。

有时候,一个人的成才往往是在体验到挫折之后。在挫折面前,有些人选择了沉沦,而有些人则愈挫愈奋。挫折并不可怕,关键在于你的选择。只要自己坚定改变的信念,就总会有翻牌的机会。

学习动力之七:自主学习

我曾在青岛二中做了三年教导主任,分管高三的教学管理工作。那时候,学生从来没有晚自习,老师星期六、星期日从来不加班,节假日也不上课。我们鼓励学生自主安排时间学习。这与当时山东省好多学校的做法完全是两个路子,那些学校都恨不得把周末分成几天来给学生加课。

结果,我在青岛二中工作最后的那一年,我们二中的学生拿了一块国际数学奥林匹克竞赛的金牌,还获得一个山东省的高考状元。全校参加高考330人,本科进线319人,这个纪录在山东省至今无校打破。

激发孩子的学习动力,家长和老师应该多用心琢磨,怎么让孩子理解生活环境,怎么教育孩子懂得感恩,怎么激发孩子的自尊心。而现在，我觉得一些家长和老师，把怎样激发孩子学习动力这个事简单化了。怎么简单化了呢？就是把孩子控制得很死，老师和家长当起了警察。

现在很多学校，学生们从早晨 5 点 30 分起床，晚上 11 点后睡觉，几乎没有周末，没有假期，没有自己的行动自由。其实，如果学生学习不主动，缺乏激情，时间再长也没有效果，而且这样会把学生弄得一点爱好、特长都没有了。实际上，这种模式真正是毁了学生，毁了教育。

鼓励孩子自主学习是很重要的。因为自主学习是主动的，因为他愿意。当他愿意的时候，学习就是一种喜悦，甚至是一种享受，学习效果就会事半功倍。

你觉得学习一定都很累，学生们个个疲惫不堪是不是？比如，参加数学竞赛的学生，他们做过的题目一本又一本，每一个问题都难乎其难，你看着他们很累，但是这些学生却狂热地热爱数学竞赛,为什么？因为那是一种自主学习，是一种享受，这种享受是局外人体会不到的。

综上所言，学习的动机是多方面的，有时候甚至一个并不高尚的动机会突然改变一个人的一生。就拿我来说吧，当时因为受不了同学的奚落而"误"入学习之门，当我逐步投入其中时才享受到学习带来的莫大快乐，从而一发不可收，为一生赢得了转机。所以作为一位教育工作者，不一定整天以大道理教育学生，应该善于寻找突破点，抓住每一次教育时机，对症下药。

如何抵御诱惑

抗拒诱惑,你才有更多的机会达到一个高的目标。

——车尔尼雪夫斯基

学习是一个系统工程,影响学习成绩的因素是多方面的,尤其在当今,孩子受到外界的诱惑之多是前所未有的。电视、网络、手机、电子游戏……这些科技"天使"铺天盖地而来,为孩子呈现了一个五彩缤纷的世界。如果孩子不能学会抵御诱惑,就会深陷其中而不能自拔。

现在的学生,就是生活在这样一个充满诱惑的世界里,而学习又是讲究宁静致远、心如止水的环境的,这个矛盾怎么解决?

信息如潮:你是做主人还是做奴隶

北大有一位教授找我,让我给他的孩子辅导一下数学。平时我也很忙,好不容易腾出点儿时间来,就让他那个上高中的孩子过来了。

来了以后，我开始给他讲课，没多长时间，他的手机就响了。他掏出手机一看，就开始给人回信息，而正在给他讲着课的我，只得停下来等他。

这个学生发完信息以后，对我说"不好意思"。我又开始给他讲课，可讲了没多一会儿，信息又来了，他又掏出手机回复信息。当时我就火了，说："请你学会尊重别人！"

这个学生连忙跟我道歉。

我说："你这个孩子，有没有想过你学习的问题出在哪里？为什么你的学习老没有效率？就是因为在你学习的时候你的手机信息提示音不停地响，从而导致你学习的过程成了拿着手机看信息、发信息的过程，你根本就没法专心学习。你学习，先要解决态度问题，没有一个好的学习态度，就算7科老师全是教授，全是博士，你照样学不好。我的手机都可以关掉，你一个学生有什么大事？如果以后你还是这样，那就别再来找我了！"

后来，这个学生再来找我学习，来了以后的第一件事情，就是把手机关掉，然后交给我。这样他学习起来的环境和氛围就更好了，他的学习成绩也逐步提高了上来。

现在，手机信息泛滥成灾，这对学生的学业杀伤力是不能低估的。但学生上课或上自习的时候，手机放在桌子上，开着机，信息来了，不看不行，看了不回也不行，不回不礼貌呀，只有回了，心里才踏实了。一天若有十几条手机信息下来，你还能学什么呢？而且这些信息，要么是调侃开玩笑的，要么是情爱之类的内容，真正有用的内容并不多。

前面我说的这个学生，那天刚走进我的办公室，还没来得及关机，手机提示音又响了。

我就问他："你能不能让我看看给你发的是什么？"

他把手机给我一看,首先映入眼帘的就是"老公"二字。我说:"是女孩儿给你发的?女孩儿管你叫老公?"

男孩很坦然地说:"我们同学都这样称呼的。"是呀,对于中学生来说,这多有意思,比学习有意思多了!他还有什么心思学习呢?

手机信息对学习的影响很大,这也让很多家长和老师感到头疼。有的学校甚至规定:学生不许带手机进入校园。但是,规定不让学生带手机,他要是带了你能搜身吗?他把手机调成静音,你也没法管。

堵是堵不住的,没有人愿意被时代淘汰。我从来不禁止学生带手机,但我有起码的要求,就是上课不能开手机。我给班里定的制度不多,但只要是定下来的制度,在给学生讲清以后,就要坚决执行。

对于上课不能开手机这一条,我怎么监督呢?首先我把全班同学的手机号码都统计上来。然后我告诉他们,上课时候,我有时会在办公室里给你打手机,如果你们发现有我的一个未接电话,你把手机交上来就是了。

其实,大多数同学都可以做到自律。我的这些话,主要也是说给班里的那几个捣蛋鬼听的。偶尔想起来,我真的会给那几个爱捣蛋的学生打个电话,结果他们还真都关着机。我再见到他们,就表扬他们遵守班级的规定,这些学生因为关机就能得到表扬,感到关机还是件愉快的事,也就自觉自愿地做下去了。

对于手机之类的东西,大人对孩子的控制总是有限的。重要的是让孩子懂得:现代电子产品本是人类的工具,孩子应该学会做它们的主人,而非它们的奴隶。有句老话说,要想让地里不长草,最好的办法就是把地里种满庄稼。你把学生的注意力吸引到学习上来,让他感觉到学习的乐趣,他就会把手机信息之类的乐趣忘掉。

学业比享受现代电子产品更重要

有一次，我给一个学生家里打电话，因为这个学生这一阶段很不专注，学习成绩每况愈下。我就想向家长了解了解情况。平常我很少主动跟家长联系，因为我知道学生只要到了学校，我就应该负担起这份责任来，我不会轻易地麻烦家长，或动不动把家长叫来。

我打通了电话后，是学生接的。我说，你叫你爸爸接电话。他就给转到了另一个分机上，这个小小的举动引起了我的注意。

家长接起电话之后，我先问了问孩子最近的状况，然后问："在你家里，是不是孩子房间里也有电话？"

那位家长说："有，是一个分机。"

我再问："孩子房间里有电脑吗？"

家长说："有。"

我又问："他房间里还有哪些东西？"

家长说："有电视，有电脑，有电话，还有手机……"

我就对这位父亲说："你这不是在培养一个学生，你现在是在培养你的孩子成为一个业务员，一个娱乐家！这还让孩子怎么学习呢？"

这位父亲也承认："平时光知道孩子在屋里，至于他是在学习还是在干别的，我们也控制不了。"

我说："咱们都是同龄人，你想一想，咱们那个时候，别说电脑、手机，家里连报纸都没有。想考大学，有一本书就足够了，学什么都能学下去。现在，外面的世界太精彩，你把这么精彩的世界全搬到孩子的房间去了，这让孩子怎么学习好！李白要是天天看电视、打电话，能写出那么好的诗？"

经过我一番"轰炸"之后，家长被"炸"得幡然醒悟，说："那我把电话、电视、电脑什么的都撤了!"

我说:"你也不能硬性地撤,咱们得让孩子认识到这个问题的严重性,等他自己想撤出来了,你才能撤。如果他自己不想撤,你硬撤出来,又会造成家长与孩子的对立,这也不利于对孩子的教育。"

后来,在家长的引导下,孩子同意把电话、电脑、电视都搬了出来。孩子能够安心学习了,就渐渐进入了学习状态,成绩也逐步提高了。

成长期的孩子,环境很重要。孟母三迁的故事人人都知道,喜欢玩,是孩子的天性。现在网络那么发达,游戏那么多,诱惑那么大,孩子要想抵制真不容易。孩子玩电脑游戏,只要没到失控的程度,我觉得也不是什么大问题。

我看过一则新闻,事件发生在东北。一个孩子因为上网玩游戏,回家要钱时遭到父母拒绝,他竟然动手打了自己的父亲。母亲上前阻拦,他竟把母亲推到一边,随后从母亲钱包里掏出 100 元钱,扬长而去。

这个孩子事后说:"当时我已经玩了 4 个小时的格斗游戏,很兴奋,脑子里都是打啊杀啊,我已分不清游戏和现实了,动手的时候什么也没想。"

孩子沉迷于网络游戏,部分原因是,现在的学生要面对一些压力,包括家长和同学的压力、老师的压力,如果他不能承受和化解这种压力的话,就需要找一个释放压力的方式,而电脑游戏就可以让他忘掉烦恼。他在网络游戏里面打啊杀啊,能够得到一种宣泄,一种快乐,一种虚幻的成就感,而又他无须负责任。

家长和老师有责任营造有助于学习的氛围,使孩子能够找到平静,找到乐趣,找到成就感。最重要的是,应该使孩子逐渐懂得:学业比享受那些现代电子产品更重要,生活中有更多的事需要他们去做。

优秀是一种习惯

一个人的习惯，往往是别人都知道，而自己却是唯一不知道的人。

——古龙

🎓 优秀是一种习惯

学生需要养成多个好习惯，才能形成综合优势。

学习是个系统工程，涉及学生的心理状态、意志、品质、专注度、执着度等。而当这些因素成为思维和行为定势的时候，就被称之为习惯。

英国哲学家艾蒙斯说："习惯不是最好的仆人，就是最坏的主人。"好习惯让孩子学业优秀，坏习惯则削弱我们的竞争能力。

人大附中有一位同学叫刘朔，写过一篇题为《优秀是一种习惯》的文章。有一次，在全校的升旗仪式上，刘朔向全校同学朗读了这篇文章，引起了良好的反响，我把这篇文章附录于此。

我听一位教育专家讲过：决定一个人学习成绩的因素主要有三个方面，一是天分或者智商，二是学习条件，三是习惯。他说，现在，人与人之间的智力差异并不是特别大，人们的学习条件也相差不多，关键要有好的习惯。

习惯是什么？词典上讲，习惯是在长时间里逐渐养成的、不容易改变的行为。可见，习惯是一种养成，是一种比较确定的思想和行为方式。总结我这三年的体会，我想跟大家说，初中三年最要紧的，是养成好习惯，克服坏习惯。

先说学习的习惯。

第一要刻苦，要舍得花时间。

每天保证一定的学习时间，养成习惯。谁也不是天才，不可能不学就会。我们这些参加数学竞赛的同学，做过的习题不计其数。简单地讲，要取得好成绩，数理化是做题做出来的，英语是背单词背课文背出来的，语文是多读多写出来的。时间是"抓"出来的，每天一个小时，可以干很多事。20分钟可以背30个英语单词，可以读一两篇好的散文。我给大家算个数字：每天背10个单词，加上复习不超过10分钟，三年下来就是10000多个单词，这些单词考托福都有富余。有些事情你觉得难，其实很简单，只要你坚持做，积累起来，效果绝对超过你的想象。

第二要讲究方法，要不走或者少走弯路。

你再用力，花的时间再多，如果方法不对，尽走弯路，效果也不好，还会影响信心，打击自己的积极性。

怎么才能不走弯路呢？首先起点要对，养成一件事从开始就把它做正确的习惯，不要稀里糊涂、不假思索地就开始，等发现错了再改，肯定浪费时间。

其次标准要高，养成一下子把事情做到位的习惯。比如学数学，学了概念和公式不一定会做题，会做题了未必能讲明白，如果你按照能参加数学竞赛或者能讲明白的标准去学数学，那么在考试中取得好成绩是没有问题的。而且，我的体会是，用高标准学习和用低标准学习所用的时间是差不多的，可结果却差很多。

再说行为习惯。

养成好的行为习惯实际是在学习"做人"。我给同学们提几个问题：在座的各位，说过谎话吗？讥笑讽刺过别人吗？骑车闯过红灯吗？排队加过"塞儿"吗？说过粗话吗？自己的书包是自己收拾吗？如果你养成了较好的行为习惯，就可以说，你在按照现代人的标准培养自己。

怎么才能养成好的习惯呢？

第一是从小事做起，注意细节。

一个人的习惯好不好，素质高不高，往往反映在小事上。要明辨是非，随时提醒自己。比如，注意自己的站相、坐相、走相、吃相，注意每一次作业或考试书写的工整，注意待人接物的礼仪，等等。一开始可能有点儿累，但用不了多久，你就习惯了，而且让你一辈子受益。

第二是开好头不开坏头。

习惯是通过过程养成的，而过程都有开头。只要是想好了准备做的事，就要果断地开头，不要拖，不要等。比如，我打算背单词了，好！开始背。我打算写日记了，好！开始写。一段时间以后，你觉得它已经成为你生活的一部分了，甚至没有

第二章
学业：拿高分可以是轻松的

什么觉得不觉得，到时候就自然而然地去做了，好习惯就养成了。相反，坏事千万别开头，因为开了头就会对自己放纵了。

对于电脑游戏，什么 RPC、FIFA、星际、CS，我也接触过，好玩，爽！可它真耽误事。你要被它抓住了，陷在里面了，一时"爽"了，一辈子可能就不"爽"了。还有一种东西叫"万智牌"，千万别迷上它。我们可以玩，学习效率越高，玩的时间就越多。可一定要玩有益于身心健康的东西，而且一定要能管住自己。人是一种很奇怪的东西。有些事是他该干的，有些事是他想干的。要命的是，该干的往往不想干，想干的又往往不该干。怎么办？只能管住自己，想办法把想干的纳入该干的范围，把该干的有兴趣地干好。

能比较自觉地这样做了，就是成熟了。现在，我和我的一些同学已经能够在学习的成功中享受巨大的快乐，那是任何游戏都不能相比的。

第三是咬牙坚持。

开了好头就要持之以恒，遇到困难要咬牙坚持，千万不能松劲。我从小学一年级开始写日记，到现在一天都没有间断过。3000 多天，有累得实在不想动的时候，有病得起不来床的时候，怎么办？咬牙顶住。把日记本放在枕头上，写一句也要写。事后，你甚至会被自己的精神所感动，进而特别珍惜自己的成果，越来越不忍心放弃，于是就成了好的习惯。

第四是创造好环境。

可以几个人约定，也可以班级倡议，大家互相督促，把某些好的东西坚持下来，杜绝和克服那些坏的东西。这样做很有好处，不仅有利于养成好习惯，而且，好朋友有了，好的集体风气有了。

第五是不找借口。

据说美国西点军校有一条规矩：不许找借口！这对于养成好习惯非常有帮助。人最容易原谅自己，事情没做好，想办法找一些原因，让自己心安理得，这是一种坏习惯。它会让你软弱，会让你偷懒，会让你逃避，结果你就丧失了勇气。

第六是要利用一切机会来锻炼自己，习惯于为他人服务。

建议大家有机会的话要乐于担任一些社会工作，如班干部、科代表等。它不仅不耽误学习，反而是锻炼自己责任意识、为他人服务的意识和工作能力的好机会。这些东西形成了，也是一种好习惯！

我本来想对这篇文章加以评论，但几次细读该文，感觉我的任何评论都显得苍白无力。看得出该生是用他的真情实感揭示了一个学生之所以优秀的深刻内涵，这篇文章值得每一位家长及学生认真阅读并思考。

第 三 章

课外：影响孩子人生的5个关键词

> 世人没有万事通。人活一生，时光有限，一生能做好一两件事亦属不易，绝不可能十八般武艺样样精通。人人都在经营自己的人生，聪明的办法是用你的主要精力去打磨你的刀刃，而不是打磨刀背。

特长：优秀始于你的强项

> 世界上没有才能的人是不存在的，问题在于教育者要去发现每一位学生的禀赋、兴趣、爱好和特长，为他们的表现和发展提供充分的条件和正确引导。
>
> ——苏霍姆林斯基

孩子的天赋、气质、性格及环境不同，具备的特长也不同。而老师和家长的最大责任，就是去发现孩子的强项，强化他的强项，那么这个孩子就会是自信的、快乐的、有成就感的。

就特长而言，学生自身的潜力是巨大的，只是我们常常没有找到开启这种潜能的钥匙。

特长与学业两不误

我教过的一位学生叫孙友婷，会拉中提琴。她初中时就是在人大附中校乐队的。上了高一，课业负担一下子重起来了，她对校乐队的活动就不能像以前那么积极参加了。有一次，学校乐队搞一个演出活动,她没去参加,音乐老师一气之下,就不让她进乐队了。她妈也去找过音乐老师,但老师还是不答应。孙友婷情绪很低落,发誓从此不再拉琴,家长一想,反正要考大学了,也索性不想让孩子再拉琴了。我发现这个学生情绪不太对,就跟她聊起来,她就谈了这件事的经过。我听完后,就跟她说:"请你家长来一趟行吗?"

第二天,孙友婷就跟母亲一起来了。我对她母亲说:"你让孩子从此就不练琴了,这样不好吧?我的建议是,你的孩子可以不参加这个乐队,但是这个特长,一定要保持下来,千万不要放弃。"

家长问:"这特长有什么用吗?"

我说:"太有用了。"

我常年带高中毕业班,注意观察和研究高校招生政策。各大学为了繁荣校园文化,每年会拿出一定比例指标招收艺术特长生。你会弹琴,就弹一首曲子;你会画画,就画一幅画。他们有评委评定,达到学校的标准了,学校就跟你签一份合同。比如清华大学,签了这样的合同,最高加分60分,北京大学最高可加到50分。而一般家长都不太清楚高校这些招生政策。

孙友婷母亲听了我的介绍后说:"原来是这样,那要是学校有活动,再忙也应该去参加。"

我说:"学生上了高中,学习压力确实大,她也没必要非去校乐队,因为人家学校乐队的位置都是固定的,你经常不去的话,音乐老师也没办法,确实很难办,你这个位置缺了,只好再补一个,所以你们也不要对这个音乐老师有什么意见。但是你学中提琴已经学到这个程度了,千万不要放弃,我觉得你最好在家自己坚持练。"

孙友婷问:"我一周练多长时间好?"

我说:"你一周拿出两个小时练一练,临近特长生测试的时候,集中时间冲一把就行了。"

家长说:"这不是挺容易的吗?"

我笑笑,说:"是挺容易的。"

孙友婷和她的家长接受了我的建议,她的中提琴练习一直没有放下,她整个人的情绪也好起来了。孙友婷说:

高三课紧,学业繁重,而我的各科复习却也能一一安排停当。学业与练琴两不误,考试与考琴两不误。中间穿插打球、上网、看书等娱乐活动,忙里偷闲,紧张中享受安逸,繁杂中并不自乱。如此种种所赖唯一:目标明确,放眼远方,自然走出一条笔直大道。

孙友婷的家长说:

王老师很重视同学们的特长发展,曾多次在家长会上强调,特长不能丢,要全面发展,也要使它在高考中发挥作用,争取获得加分,为冲刺名校奠定坚实的基础。在老师的激励下,孩子的中提琴一直练习着——即使在学习最紧张的情况下,每天也坚持练琴一小时。由于她的苦练,在全国几千人参加的清华大学艺术特长生冬令营中,她通过了专业与文化课考试,成为获得高考加分的50名艺术特长生之一。

孙友婷同学跟清华签了约,获得了加分资格,学习信心更足了。她后来就读于清华大学自动化系,还是清华校乐队的中提琴手。

还有一个学生叫朱栟。学校开运动会,他说要给班里同学助威,就把自己的小鼓拿来了。我看他打得蛮专业的,就问他:"你会打鼓啊?"

朱栟说:"是呀。"

我问:"你打得怎么样?"

他说:"我的小鼓已经考过业余九级了。"

我说:"你好厉害呀。你一定要坚持练,对你升学有用的。今后你想考哪儿我可以帮你联系。"

朱栟从小学到初中都一直练小鼓,但是到了高中后就停练了。他也没有想过这个艺术特长对他升学有什么用。我这么一说,他才明白,就又把小鼓捡起来了,一直练着。高考前,他参加了清华大学特长测试,获得加分资格,顺利进入了清华大学。

在我带的班里,学生有什么特长都是受到鼓励的,尤其是那些学习基础差一些的学生,我就更鼓励他们。2006年寒假,我陪女儿到清华大学参加艺术冬令营测试,我高兴地发现,人大附中去参加艺术特长生考试的考生中,我这一个班学生就占了15个。

优秀始于你的强项

我带过的班里,有一个学生叫孟博。小伙子长得很帅,个子接近一米九,喜欢打篮球,但学习成绩不好,整天一副很随意的样子。

他上课经常迟到。今天我问他怎么来晚了,他说打篮球了,训练了。明天早晨上课又迟到了,我再问为什么来晚了,他又说起床起晚了,或者是路上堵车什么的,总能找到理由。我也没有多少办法说服他。

如果看他今天来晚了,说他一顿,明天来晚了,又说他一顿,对他也产生不了多少冲击,因为他内心根本就不在乎这个事儿。

孟博是我们班篮球队队长,年级举行篮球比赛,他率队获得了冠军,从而成了班里的明星,此时他身上的那种自信就显现出来了。

这时候,我就跟他谈:"你既然能把篮球打好,篮下动作做得那么灵巧,神出鬼没的,这说明你智商高啊,你不信吗?你找个傻子上球场上试试,他肯定到处乱撞。"

他眼睛一亮:"我智商本来就不低。"

我说:"你智商高能学不好吗?你该打篮球还打篮球,该训练还是训练,同时,你能不能学习时也像打篮球一样用心?只要你用心,学习成绩肯定能上来。"

孟博这次很认真地跟我说:"老师,我以后一定做出个样来。"

后来,他跟变了个人一样,学习用心了,作息时间也遵守了,也能按时交作业了(他过去经常不交作业),学习有了很大转变。为什么呢?就是因为他在打篮球为班级争光的过程中,找到了被人尊重的感觉,找到了团队荣誉感,再加上老师的鼓励,也就变得自律而上进了。

孟博家庭条件不错,高一期间,他母亲计划让他出国留学,征求我的意见。

我说:"我建议,他现在最好不要出国,他刚刚有了一个好开端,还需要巩固一段时间。这对他的成长来说会更有利。"

又过了一段时间,我跟他母亲建议说:"孟博同学已经具有自信的性格和良好的习惯了,我觉得他现在可以出国了。"这个孩子后来去了美国,并在美国考上了一所大学。

一个学生也许看着平平常常,但你一旦挖掘出他的特长,这个学生就会更加自信,更富于进取心。

第三章
课外：影响孩子人生的5个关键词

还有一次，我应邀到郑州给家长们开讲座，中间休息的时候，来参加讲座的一个家长就找到我说："王老师，我很苦恼。"

我问："怎么了？"

他说："我那个孩子整天打篮球，就是不学习。"

我问："你孩子有多高？"

他说："一米九多。"

我说："你把孩子叫来吧。"

讲座结束，家长就把那个孩子带来了。那孩子开始不愿意见我，勉强来了。我一看那孩子，还不到18岁，个子真有一米九，体形也很匀称。

我说："你简直就是姚明第二嘛，你很喜欢打篮球呀？"

他说："是啊。"

我说："一场比赛下来，你能拿多少分？"

他说："一场比赛，我能包揽本队差不多3/5的得分吧。"

我又问了问其他方面的情况，之后，我就跟这位学生和家长说："我建议将来让他走打篮球这条路，一定能够走好。"

家长将信将疑地问："这条路行吗？"

我说："孩子能打篮球，是他的一个长项，也是他的信心所在。如果家长能让他的这个信心往学习上发展，那学习就会上来。"我又把我怎样鼓励我们班篮球队长孟博同学的那件事讲给这位家长听。

后来，那个家长给我打来电话，说他的孩子已经被河南师范大学录取了。他说他也是参考了我的教育方法，鼓励自己的孩子，结果还真有作用。

优秀，是从你的强项开始的。美国著名行为学家杰克·豪尔说：成功者大都是从自己的专长开始的。人与人之间的竞争，不是聪明不聪明的比赛，而是不同专长的比较，或者说各自在专长方面显示的能力如何。成大事者是因为在专长上充分施展了自己的智能优势，而不成大事者是没有专长的、总是盲目的被动者。如果一个人能在自己的专长上发挥80%的能力指数，那他就可以成人事了。

18世纪有一个青年，整日碌碌无为，过着流浪的日子。有一天，他来到巴黎，求父亲的朋友帮自己找一份工作。父亲的朋友问："你会什么？会算账吗？"

青年摇头。

"你懂法律吗？"

青年还是摇头。

"那么你的数学或者是历史、地理方面怎么样？"

那青年一直在摇头，意思是说他没什么长项。父亲的朋友耸耸肩，无奈地说："那你先留个联系地址再说吧。"青年不好意思地写下了地址。父亲的朋友看了看地址，忽然说道："你写得一手好字呀！你会有一份好工作的。"

青年眼睛一亮，意识到写好字也是自己的一个长项。既然能写好字，不是也可以写好文章吗？从这时起，青年开始努力写文章。多年后，他写出了《基度山伯爵》。他就是法国作家大仲马。

橡树的故事

有一个美丽的果园，里面长着苹果树、橘子树、梨树，还有橡树。到了春天，苹果树、橘子树和梨树都盛开着各种娇艳的花朵，只有橡树没有开花，所以它很不快乐。

一天，一只鸟落在了橡树上，看到橡树很不开心，就问为什么，橡树说:"虽然自己很努力,可是就是不开花。"

鸟说:"你永远也不会开花,因为你不是苹果树、橘子树或梨树,你要倾听的是自己内心的声音。"

橡树接受了鸟的话,闭上眼睛,打开心扉,听到了内心的呼唤:你就是橡树,橡树的使命就是给鸟儿以栖息,给游人以遮阴,给环境以美丽。后来,橡树就长成了高大挺拔的参天大树,感受着生命的快乐。

与橡树一样,每个人都有自己擅长的方式,都以擅长的方式闪光。

有一个外校的女生,跳舞跳得特别好,可是考人大附中没考上。她的家长认为,就是因为整天跳舞把学业耽误了,所以就不让女生跳了。女生变得闷闷不乐,学习也没见有多大长进。

家长很困惑,就找到我。我先问了一下女生的学习情况,知道她的学习基础比较差。我对这位家长说:"她现在是高一的学生,凭现在的学习基础,再怎么学也未必能考上一所好大学。跳舞,是孩子的一个强项。我觉得,如果孩子想进一所好大学,她不仅不能扔掉舞蹈这个特长,而且还要投入一定的精力。"

这位家长和女生采纳了我的建议。高中三年,孩子一直利用业余时间坚持练舞蹈。结果,当年在北京师范大学舞蹈特长考试中,因为表现突出,这位女生就与校方签了约,最终就读于北师大。

还有的孩子,他们的长项是科技创新活动。很多学生、家长、老师会担心,进行科技创新活动会影响课内学习。对于这一点,我是这样看的:如果处理得当,两者是可以相互促进的。搞科技创新活动,往往要接触比课本上深很多的知识,当掌握了这些知识后,在相关的一门或几门学科中就会站得高,看得远,解决课内的知识就会更加得心应手。

现在的中国教育,大家都是千军万马挤在一座独木桥上,这对学生是不公平的。这是中国的教育体制的一个问题。本来，我们有好多孩子是有特长的，结果由于不正确的教育方式，使孩子的特长都没了，最后成为没有个性、没有特点的书呆子，这是很可悲的。

　　日本人盛田昭夫的父亲是个酱油坊主，家境在当时是很殷实的，父亲希望子承父业，可是盛田昭夫喜欢并且选择了无线电，后来他创造了索尼公司。

　　福特的父亲是个富有的农场主，可福特从小喜欢摆弄机械，他没有接受父亲继承家业的要求，只身跑到芝加哥去做机械工，后来他成了汽车大王。

　　我觉得，教育好比一个生物过程，而不是一个冶炼过程。你不能让一棵西红柿苗子结出一个苹果来，西红柿苗就让它结西红柿，苹果树就让它结苹果，每个成果都是富含营养价值的。

刀刃与刀背

　　世人没有万事通。人活一生，时光有限，尤其是在社会分工趋于细密的今天，一生能做好一两件事亦属不易，绝不可能十八般武艺样样精通，这也是老天对人公平的地方。

　　人人都在经营自己的人生。聪明的办法，是用你的主要精力去打磨你的刀刃，而不是打磨刀背。

　　我在山东莒县有一个老同学，他孩子爱画画，其他科成绩一般。老同学实在苦恼得不行，到北京办事，顺便来咨询我，说："这个孩子就喜欢画画，你说怎么办？"

　　我说："他喜欢到什么程度？"

　　老同学说："他画的画从来都不舍得扔掉，我一回家看他不做作业，就知道画画，我一生气，就把画撕掉了。孩子心疼到什么程度？他就趴在撕碎的画上哭。我觉得他不能走学美术这条路，也走不通！"

我问："你这个孩子画得怎么样？"

老同学说："画得还不错。"

我说："这样好不好，你让你孩子到北京来，我找个老师看看他画画的天分怎么样。"

他就把孩子带过来，我找了中国人民大学徐悲鸿艺术学院的一个老师给看了一下。那老师说，这个孩子挺有画画天赋的。

于是，我就给这位老同学出了个主意。我说："孩子既然爱画画，我建议他到人大徐悲鸿艺术学院的考前辅导班学三个月。"

我的老同学听从了我的建议，高三那年的11月，就把孩子送进了徐悲鸿艺术学院的考前辅导班。第二年3月，徐悲鸿艺术学院开始专业测试，这孩子专业测试合格了，信心倍增，在随后的三个月里，猛攻文化课。后来，高考成绩也达到了中国人民大学艺术类的录取分数线，最后被人民大学徐悲鸿艺术学院录取，成为当年他们县考得最好的一个学生。

说起来，我的这位老同学还是当地教育局的一个干部，我对他以前的一些想法和做法很吃惊。

马的长项是奔跑，牛的长项是有力气，能跑的应该让它奔跑，有力气的应该让它出力。让马和牛在一起赛跑，或者在一起比力气，这不是马和牛的无能，而是安排这种比赛的人的无知。其实当今的中国教育，有很多情况就是逼着牛和马赛跑，逼着哑巴唱歌，逼着瘸子跳舞。而真正的素质教育，应该鼓励学生施展各自的才华。

给信息闭塞的家长进一言

我遇到过这样一个学生，是一个女孩。她特长很突出，多才多艺，舞蹈比赛得过北京市第一名，书法比赛也拿过全国一等奖，我现在还保留着她送给我的一幅书法作品。

我给这个女孩所在的班带过一次课。课后，这个女孩就找到我，想问一下她当年能不能报考北大。因为她的学习成绩不是特别突出，心里不太踏实。

我和女孩聊天之后，才发现她身上有这么多特长，就跟她说："我看你这个特长挺明显的啊！完全可以利用起来。"

她问："怎么利用呀？"

我说："你没参加那个特长生测试吗？"

她说："我不知道。"

我有点儿不敢相信，说："你真不知道？你这么好的特长，你父母就没为你咨询咨询？"

她说："我父母也压根儿不知道。"

那时候，特长生测试的时间已经过了。我说："真是太可惜了！你得过北京市舞蹈比赛第一名，还得过书法全国一等奖，你要是参加北京大学的特长生测试的话，肯定能通过。"

后来这个女孩参加高考，考了599分，但当年北大录取分数线是600分，她以1分之差，没能进入北大，如果参加特长生测试，她至少能加50分，上北大绰绰有余。她最后上了中国人民大学，今年又以优异成绩被保送到了北大读研究生。

本来，这是一个水到渠成的事情。但是，没有哪个老师告诉她去参加测试，她父母没留意，她也不知道，高考时，她的特长就这么白白浪费掉了。

我说这件事是什么意思呢？就是说，我们这些家长，这些老师，应该成为学生前途的设计师。作为一个家长，一个老师，你应该了解高考的政策，了解国际国内教育的动向。

比如，现在国外有好多大学，为了吸引优秀的中国学生，把许多奖学金名额留给了中国学生。还有国家为鼓励各类人才的成长而出台的一些特殊的招生政策，比如保送、委培、定向、国防生、特长生及自主招生等，这些招生政策，作为家长和教师也应该知道。这样好提前给孩子一些指点，提前设计，扬长避短，帮助孩子找到一条适合他自身特点的发展道路。

孩子的愿意，是发展特长的前提

前面讲了这么多特长的重要性，但作为家长应该掌握一个前提原则，就是孩子的愿意。要走特长之路，孩子得喜欢，愿意发展这项特长。家长切不可舍本逐末，盲目逼迫学生追求特长。

我常给家长们开讲座，发现许多家长在发展特长方面存在误区。不少家长给孩子报了好多的特长班，但没有充分尊重孩子的爱好和需求，没有目的性，结果家长花了很多钱，却培养了一个没有童趣童真的孩子，甚至由于家长给孩子施加的压力太大，使孩子难以承受，对发展特长产生了厌倦情绪。

我觉得，作为学生，有一两项特长就可以了。比如，在体育上有一项特长，在文艺上有一项特长。如果多了，孩子负担就太重了。有的家长逼着孩子钢琴也弹，书法也练，游泳打球样样发展，再加上英语，把孩子搞得疲惫不堪。

所以，我说咱们家长别把自己的孩子弄成拿破仑的儿子。

拿破仑·波拿巴称帝登基后，他的近臣们开始训练将来要继承帝位的他的儿子，并希望他像父亲一样优秀。他们找了18位精通各种治国技能的老师，在宫廷里教育小拿破仑。可怜的小拿破仑本来对这些东西毫无兴趣，小小年纪便承受如此重压，因此终日郁郁寡欢，失去了自由与热情，最终一事无成。

这就是前车之鉴。

你可知道在战争中，最容易出现精神崩溃的是哪种人？美国的威康·孟宁吉博士是知名的精神病专家。在"二战"期间，他主持陆军精神病治疗部门工作，他发现出现精神崩溃的，多数不是在一线战斗的人员，而是被分派到错误单位的人！

他说："我们在军中发现挑选和安置的重要性，就是要使适当的人去从事一项适当的工作。最重要的是，要使人相信他手头工作的重要性。当一个人没有兴趣时，他会觉得他是被安排在一个错误的职位上，他会觉得他不受欣赏和重视，会觉得他的才能被埋没了。在这种情况下，他会出现精神崩溃的现象，他若没有患上精神病，也会埋下精神病的种子。"

扼杀一个人的特长，既是扼杀他的前途，也是扼杀他的健康。

第三章
课外：影响孩子人生的5个关键词

活力：运动激发活力

> 如果你想强壮，跑步吧！
> 如果你想健美，跑步吧！
> 如果你想聪明，跑步吧！
> ——古希腊格言

在现代社会中，在各大公司里，活力（energy）都是评价一个人的标准之一。当然，我认为它也应该是评价一个学生的标准，因为活力代表着一种人生态度。

学生的活力从哪里来？在我看来，像体育活动等课外项目，就能够焕发学生的活力，这种活力既有益于学业，也能给学生带来健康快乐，还能凝聚团队精神。

🎓 运动：7+1>8

有一则故事：

在林中，一个人遇见另一个人正拼命地锯一棵树。

"你在做什么？"这人问道。

"我在锯树。"那人回答。

"你锯多久了？"

"已经4个小时了，不过进展还不错。"那人说着，汗水顺着脸颊流了下来。

"你的锯看起来很钝，为什么不把它磨快了再锯呢？"

"你真傻，我怎么能停下来，没看我正忙着嘛。"

那么，是谁傻呢？磨刀不误砍柴工。如果这个人停下来，用15分钟时间把锯好好磨一磨，那他锯树的速度可能要比现在快3倍。

有个学习理论叫作7+1＞8。意思就是，7个小时的学习加1个小时的锻炼，效果绝对大于8个小时的学习效果。这也是科学验证出来的一个道理。道理很简单：身体有活力了，状态好了，学习效率会成倍提高。

我提倡并要求学生每天运动1个小时。每天下午第三节课以后，我班里所有学生都要到操场上锻炼。晚间下自习课，好多学生都到操场跑一圈。有时候都到半夜了，还有学生在操场跑步，那里必定有我班里的同学。

我提倡的这个跑步的运动习惯，是我在山东沂水一中当班主任期间开始在班里提倡的。你想，有些农村孩子家庭生活条件差，又是在一个非常时期，怎么能承受起学业的艰苦和精神的压力？我跟学生们说："要是没有体力，你凭什么打硬仗？你的营养能不能跟上，是你家庭的问题；你的体魄是不是强壮，是我当老师的有责任。"

跟同学们讲清道理后，我就对他们做出硬性规定：每个同学每天下午都出去跑步一小时。那时，每天下午有一节课外活动，我要求同学们全都出去跑步，不管上哪儿跑。而我就站在教室门口验收。谁大汗淋漓地回来了,好,进教室去吧;谁要是没流汗,那好办,明天我的数学课你就别上了,你去跑圈去,什么时候跑出汗,什么时候回来。因为班上总有那么几个懒汉,所以我才不得不采取这一招。

其实,当你把道理讲明白后,你采取任何硬性的措施,都会得到理解并得到有效贯彻,大多数同学都能自觉地去跑圈。

高中期间,我女儿每天晚上都在附近操场跑四圈。一开始我陪着她跑,她跑上瘾以后,就不用我陪了。复习比较紧张的时候,她就会说:"我出去跑圈去。"

也有人说,孩子的学习这样紧,还有必要进行身体锻炼吗?身体锻炼会不会耽误学习?要我说,这个锻炼是保证我们的孩子在高考时创造奇迹的必要条件。你想,孩子在高考之前,身体疲惫不堪,容易得病。得病,且不说精力受影响,他心理上首先就有挫折感。马上就要高考了,你病得起吗?越这样想,精神压力越大,本来是小病可能变成大病。我当班主任多年,这样的事见得太多了。

有了强壮的身体,第一不容易得病;第二身体强壮了,心理素质也好。比如,同样一个烦恼,放在病人身上什么样?放在健康人身上什么样?在病人身上,小烦恼就显得很大,人身体不好,心态也脆弱。你把烦恼放在健康人身上,一会儿就过去了,身体好了,心态也健全。清明的思维,寓于健全的身体。所以,要让我们的孩子在高考竞争中获胜,锻炼身体是不能少的一门功课。

而且,健康比分数重要,幸福比成功重要。

活力,就是一种夺冠精神

我喜欢运动。中学时,我爱好打篮球。到了大学,我开始打排球,最后打到校排球队的主力,是校队的二传手。后来带班,只要有体育比赛的机会,我就乐于参与其中。因为有点儿运动底子,球类比赛,像排球、篮球,我也常自任教练。

对学生参与体育竞赛,我既热心参与,还要求学生们勇于拿第一。我跟同学们说:"你可以不参加,不过既然参加了,就必须拿出夺冠的豪气。"要做就做最好的,我喜欢同学有这样的性格。

我带的12班,有10位同学进入哈佛、耶鲁等世界名校,37位同学考进清华、北大。在许多人眼里,12班肯定是些书呆子式的学生。但事实恰好相反,这班同学大都热爱体育,对运动充满激情。

足球是世界第一运动,在12班也绝对是第一运动,12班的同学对足球十分狂热。12班有40个男生,就有3支足球队,而且各有各的阵容、打法和主教练。

在高一年级足球联赛决赛中,12班小失一球,败给了4班。那一届12班班队的主教练是程稷同学(后来考入北京大学物理学院),被尊称为"程指"。程稷同学是一个有个性、有才华的足球教练,他是自荐当主教练的,也被大家认可,以往比赛成绩也不错。按理说像那届足球比赛能打到亚军,成绩也是不错的,可是12班学生只想当第一,在他们眼里第二名和最后一名是没有区别的,所以坚决要求罢免"程指"。

将"程指"取而代之的是张亦楠同学(后来考入清华大学电子系)。大家选他做了主教练,也称他为"张指"。

第二届年级足球联赛又开始了。12班班队在半决赛打得并不顺利。开场后,对方先进了12班一个球。都下半场了,大家开始着急了,最着急的,是我们班一个主力队员,名叫张铮(后来考入清华大学电机系)。他是班上公认的优秀前锋,可是"张指"把他放到了替补席上。

比赛到了这个时候，张铮在下面再也坐不住了。他冲到张亦楠面前，质问："你为什么不让我上场？"

张亦楠说："你靠边站着。"

张铮气急败坏，找到我，说："王老师，你看都这会儿了，他为什么不让我上？"

我也很无奈，说："张亦楠是总教练，得由他决定。"

张铮气鼓鼓地回到座位上。到了下半场过了20多分钟了，"张指"才对张铮说："你现在上吧。"

张铮上场了，把憋足的劲释放了出来，场面顿时活了起来。不久，张铮就打进了一个球，把比赛成绩扳成1:1。接着，自由人肖盾同学又打入一球。终场哨声结束前，张铮再下一城，最终12班以3:1锁定胜局，闯入决赛。

赛后，张铮对张亦楠说："我恨不得扒了你的皮。"

"张指"冷冷一笑："我不憋你到这个份儿上，你能发挥那么好吗？"你看，张亦楠同学也是很有战术头脑的。

决赛时，像第一届年级联赛一样，12班的对手还是那个4班，就是上届的冠军，可见这个班队的确实力不俗。结果12班以1：0小胜，小报一箭之仇，夺得了冠军。

12班足球队有自己的队歌，词曲也是他们学生队员自己的原创（词曲：刘翀、程稷）：

12班足球队队歌

我和你历经风雨

为梦想和那荣誉

一路上多坎坷布满荆棘

止不住真心地哭泣

我和你不忘记那些永恒的记忆

靠自己再奋起创造生命奇迹

不要再失意，不要再哭泣

把梦继续到底

请相信能够出现彩虹驱散这风雨

不要再失意，不要再迟疑

我们永远第一

请坚持直到看见彩虹冲出这风雨

学习越紧张，越要运动

运动能焕发活力。我对学生的要求是，学习越紧张，越要运动。

高三时，12班参加了最后一次校运会。由于学习紧张，大家都在冲击高考，其他班好多同学对于校运会都是应付的态度，可是我们班同学的态度却截然相反。同学们热情极高，说："这是我们在高中的最后一次运动会，一定要拿个第一。"

校运会有一个1500米项目，一个班只能有两个同学报名，有的班都报不满，而我们班报这个项目的就有6个同学。班体委就为难了，动员谁下，谁也不下，最后都跟体委吵起来了。体委解决不了这个问题，就来找我。

我说："这不好办吗？你把这6位同学带到操场，掐表跑，跑在前两名的，就是他们了。别的项目你也照此办理。"班体委一拍脑袋，说："是呀！这办法好！"就这样办了。

结果那次1500米比赛，第一名和第二名都被我们班同学获得了，当时的场面现在想起来还很激动,离终点还有50米时,我们班两个同学一个排在第二,一个排在第四,在同学们震天的加油声中,他们不顾一切地冲起来,最后,包揽了前两名。

校运会最精彩的项目是4×400米的接力赛。赛前,主力队员找到我说:"老师,我们就要毕业了,很想为学校留下点儿纪念,经过慎重考虑,我们想破4×400米的校纪录。"

我知道,4×400米的校纪录,是10年前创造的,那时4名队员是校田径队主力队员,破这个纪录几乎不可能。可看到学生强烈的求战欲望,我还是全力支持他们,就和他们一同去找校运会裁判长。拗不过学生们再三请求,裁判长也同意了,就把接力赛的裁判员,全换成了体育老师,并把我们班的那一组比赛放到了最后。

那天,我们班同学都在教室里,因为一来学校操场小,二来学校规定,高三学生除运动员外照常自习。可是到4×400米接力赛的时候,我们全班同学全都冲到了操场边。

4×400米比赛哨声一响,我们班就冲到了前头。比赛进行到最后一圈,我们班队把其他班队整整落下一圈,你说有多快!这时候就听到赛事组在公布成绩,我们班同学紧张地等待着结果。最后经过核对,我们班队4×400米成绩,比10年前校田径队员创造的纪录只差2秒。

大家都很遗憾,说如果有一个班队能跟我们班不相上下,这么比着跑,这2秒肯定能赶出来。大家把那4个参加4×400米的同学围起来,安慰着他们。全班同学在操场上久久不肯离去,好多同学相拥而泣。

主见:做一株有思想的芦苇

> 要独立思考问题,不要人云亦云。
> ——爱默生

前几天跟朋友聊起孩子的高考志愿,当我问起孩子什么想法时,朋友回应:"他要有想法就好了,什么事都是两个字'随便'。"从穿衣服、同学交往、文理分科、高考志愿,事无巨细征求大人意见,等着家长拿主意。朋友说,其实,孩子小时候家长非常乐意做这些事情,而且还为孩子的听话、乖巧而得意,可如今孩子长大了还是这样没主见,就让家长不免有些担心,将来的工作、个人婚嫁是不是也要等着父母做主啊!

当然这个例子有些极端,但在我们周围缺乏主见、事事等着家长做主的孩子并不在少数,也时常听到家长的类似抱怨。

其实孩子没主见,问题还是出在家长身上。本来独立自主作决定的好习惯应该从小培养,可是家长总觉得孩子小,不会作决定,或者准确地说是家长信不过孩子,担心孩子不会做出正确的决定,所以便包办代替。等到家长觉得该让孩子自己决定自己的事时，孩子却不敢决定了。

令人不可思议的是，有些家长把责任统统推到了孩子身上，认为自己摊上了不争气的孩子——"我给他机会，他不要！"你真的给孩子机会了吗？我觉得家长给的只是让孩子跟自己保持一致的机会，一旦意见不一致，其实最终做决定的还是家长，说白了，是家长没有给孩子做决定的锻炼机会。

孩子没主见还有一个原因就是缺乏自信，因为不相信自己，所以不敢作决定，因为怕承担，所以不去作决定。当然，孩子的不自信也是跟家长的不信任有着直接关系的。另外，也有因经验不足而无法作决定的时候，比如高考志愿的学校和专业选择，孩子这方面没有任何经验，拿不定主意也是自然的事，但我觉得完全可以通过浏览相关网站、求助老师和学长等方式去学习相关知识、积累经验。要让孩子明白，经历未曾经历过的事情是一生的常态，只要经过充分的认证，确信自己的想法或做法是正确的，就要敢于坚持，而不要随意被别人的观点左右，更不能把选择自己命运的权力交给别人。

如何使孩子变得有主见呢？

希望孩子有主见，父母就一定要给他足够的空间和支持，多给孩子创造锻炼的机会。高中的孩子不但有能力为自己的行为负责，更重要的是他们有强烈的愿望决定自己的事。这时家长要充分信任孩子，大胆放手让他们计划、安排自己的学习、生活，包括家庭中的重大事情，比如父母工作调换等，如果能征求孩子的意见，更容易培养孩子的成就感和自信心。

当孩子做了正确决定时，家长不要吝惜赞美和肯定；如果孩子的决定不妥，也不要急于否定，不妨通过一些事例引导孩子思考更为妥帖的做法，以便他做出正确的决策。

其实，决定的正确与否并没有固定标准，家长不应以自己的意见为准绳。原则性的问题按照大家公认的来做，非原则性问题家长要学会宽容和妥协。

李开复在做博士论文时，选题与导师的意见不一致，他发现导师让他用专家系统做语音识别是行不通的，而用统计学做语音识别系统却可以使问题迎刃而解，于是他鼓足勇气向导师说明情况。导师给他的回答让他铭记一生："我不同意你，但我支持你！"并且在后来的研究过程中，导师倾尽全力帮助他。也许正是导师的宽容和支持，成就了李开复博士论文的成功。如果导师当时坚持个人意见，今天我们恐怕就无法享受这项研究成果了。

作为家长，要允许并培养孩子从不同的观点去看问题，摒弃非黑即白的思维方式，一定会培养出孩子独立思考的能力，并将这种能力变成一种习惯。

第三章
课外：影响孩子人生的5个关键词

个性：宽容与约束

> 播种一个行动，你会收获一个习惯；
> 播种一个习惯，你会收获一个个性；
> 播种一个个性，你会收获一个命运。
> ——普德曼

什么是个性？你仔细观察一个学生，就会发现他的个性，往往包括优势和弱点两个方面，而这两个方面又是共生共存的，他的优势得到发挥，弱点也会明显；而如果你执意去消除他的弱点，那么他的优势也可能同时被压抑了。但是，一个社会，如果人们没有个性，没有特长，没有优势，这就是教育的悲哀，是教育的失败。那么，怎样面对学生的个性呢？

良好的个性靠自己完善

有一种学生，喜欢跟老师叫板。12班就有这么个学生，名叫何煦。

高一开学后第一堂历史课，那位历史老师是个特级教师，很有名气。课上，这位老师为了使学生明白历史学科的重要性，开篇就讲了中华民族上下五千年的历史渊源。他讲到，中国历史可以说是博大精深的，一个学生如果不懂中华民族的历史，不懂人文科学，尽管他自然科学好，也是有缺憾的。

你看这话说得多好，可是，老师正讲着呢，何煦同学就站起来了，说道："老师，我问您一个问题。您是历史老师，钱学森是研究自然科学的，您说是您对社会的贡献大，还是钱学森对社会的贡献大？如果说您对社会的贡献大，那么钱学森是物理学家，他对社会的贡献不是更大吗？"

历史老师愣住了，他没有什么心理准备，也没有想到学生会这么问。他觉得这个学生也太肆意太无礼了！一气之下拾起教案，离开了教室。

而第一次上地理课时，老师讲世界地理，许多学生不听课，在做别科的作业。地理老师不高兴了，说："我上课的时候，希望同学认真听讲，不要做别科的作业。"

这个时候，一个学生站了起来，又是何煦。他说："上初中时，我们在地理课上都可以做其他科的作业，为什么在您课上就不能做？"

地理老师说："上我的地理课，就是不能做其他科的作业。"

何煦问："为什么？"

地理老师说："你得好好听课。"

何煦说："您讲的这些内容我们都会了，我们还用得着听吗？"

一下课，地理老师就来到了我的办公室，说："王老师，你们班学生真气人。"

何煦同学自己写过一篇短文，文中用调侃语气说起这些事，颇有自知之明，题目叫"我是谁"：

> 我不大尊敬师长，疏于礼貌，常与老师争论，曾气走一，气哭一（在同学们的帮助下）。虽有满腔爱国之情但拘泥固执，不近人情。在班中，我是幼稚派的代表人物，不谙世事，爱与人辩论。因辩论时我的思路难以理解，最后没有人愿意和我辩论了。

他对科任老师是这个态度，对我这个班主任也不客气。有时班里在周末组织活动，要求全体同学参加，他就不参加，他说："周末是我的休息日，学校不能剥夺我的权利。"

不久，在第一学期家长会上，我就把学生的一些情况跟家长说了，但我没有说何煦的名字。何煦父亲参加完家长会，回去就跟儿子说起这件事："你们班学生真是太不像话，怎么可以这样，是哪个同学？"

何煦说："爸，是我。"

他父亲大怒："你怎么能这样？你写检讨！"可是父亲的愤怒，也改变不了儿子的习性。我对何煦同学的态度是，他讲他的道理，我讲我的道理，但我并不勉强他。

后来，何煦同学参加过班里的一次辩论会，参与这次辩论，何煦同学很有触动，说："我作为辩手参加了辩论，在这样充满理性和逻辑的论争中，我失败了。我以前一直以为我是一个辩论高手，经过这次活动，我才知道我其实差得很远，从那以后，我逐渐懂得了克制，懂得了退让，懂得了适时。"

面对个性活跃的学生

2001年美国"9·11"事件后的第二天,上午有两节课是数学。我一走进教室,就觉得不对劲,同学在议论纷纷,争执不休。开始我想,就让他们讨论一会吧,可是他们争论个没完。我一看,就放下教案,索性听他们争论。一直争论到什么时候?他们整整用了两节课时间。

班上同学分成好几派,有反拉登派,有同情派,有洋务派,有观潮派。争论激烈时,情绪激昂。我也参加了同学们的讨论。我认为,同学发表自己观点的权利应该受到尊重。

有人问:两节数学课都没上,你不觉得自己失职吗?我说我不觉得。因为,如果我打断他们的争论开始上数学课,他们满脑子里都是世贸大楼,是本·拉登,那么这课堂效果会好吗?让同学的情绪宣泄出去了,这一天的课都是有效率的。更重要的是,学生讨论这一世界历史事件,就提高对世界的认知能力而言,也是不可多得的一个机会呀。

当然这是一个特例了。不过,在我的课堂上,总的来说学生是活跃的,是个性舒展的。在我的数学课堂上,讲到某些章节的时候,如果有学生提出来说这个教学单元他搞清楚了。那么,我就请他走上讲台。学生在上面讲,下面的同学提问题就很自由,争论也很自由。这是老师讲课达不到的效果。

在我的数学课上,如果有学生认为自己已经搞懂了课堂内容,那么他也可以不来上我的课。有人问:学生们不去上你的课,你都不在意?我的看法是,他会了还装模作样坐在那里,那他干什么?他闷啊,就想着法儿玩,搞恶作剧,自己不学,还影响别人。

所以,我对学生说:你要来,就认真准备,好好听课。反之,你没有状态，再捣乱干扰别人，你还不如不来，自己去做作业或者干点别的，不是更好吗？但前提是：你成绩得上来。

今天的老师和学生是什么关系？过去我们说，教师是给学生传道、授业、解惑的，师生是这么一种关系。这个观念是说，给学生一碗水，教师要准备一桶水。而我觉得，从某种意义上说，这是一种传统观念了，现代的教育观应该是：教师虽然只有一桶水，但要换来学生十桶水。

现在教师与学生的关系，我理解，就像教练员与运动员的关系，当老师的就像教练。刘易斯的教练，肯定跑不过刘易斯，但刘易斯离不开教练；刘翔的教练孙海平，肯定跑不过刘翔，可是刘翔跟了孙海平很多年。学生是主体，教师是主导。教师要点燃学生的火花，激发学生的冲击力，让学生朝着他喜欢的方向一直走下去，这样下去也就肯定能成功。

我公开在班里说："我是教数学的，但事先不备课的话，冷不丁拿一道数学题来，我肯定比不过你们。在国际数学比赛中，你们能拿金牌，我肯定不行。别说数学我不行，物理也不懂，化学也不行，英语比不上你们，计算机就更不如你们了。我说我确实不如你们。我承认这就是当今教育的现实，老师必须面对这个现实。"

教师有教师的职责。教师的职责就是引导学生，告诉学生前面有一片绚丽的景色，你去努力吧，学生就朝着这个定位方向去了。老师可以是学生成果的欣赏者。教育的最高境界，就是教育出让教师敬仰的学生。

在我的班级里，课堂上出现一个问题，学生就像开了锅。有人会说他们太过张扬，没有教养，没有规矩。

联合国教科文组织在各国调查后得出一个结论："越是贫穷落后地方的课堂越安静。"这个结论值得我们深思。12班的肖盾同学考入了英国剑桥大学,到那之后他给我写信说:"王老师您够幸福了,咱们人大附中的学生够本分了。我们剑桥班 20 多个人,有时不等老师说下课,班里就没人了。"

尊重个性不等于放任自流

有人问我:"对于学生,你似乎一直强调理解和宽容,就没有对学生严格的时候吗?"

我说过,我给自己带班定下的标准是:学生要做得最好,班级要做得最好。过去我当班主任,管理也很严格,但随着经验的积累,我的标准没有变,不过方法上有了一些通融,面对学生的管理,该宽松的地方就宽松,该严格也是严格的。

孩子有个性是应该鼓励的。但是,发展个性,不能损害他人或公共利益,形成一个极端的以个人为中心的人格,作为老师,对学生的行为是有一个底线的。

我在山东沂水一中教书期间,发生过一件事情。

当时我的班里有一位女生,她父母为了供她上学,花光了积蓄不说,还到处借了很多债,家里已经穷得叮当响了。可是,这位女生考上大学以后,就要父亲给她买两套漂亮的衣服穿,她说:"人家上大学都穿得漂漂亮亮的,我这样破衣破裤的,去了叫人家笑话。"女孩这个心情可以理解。考上大学了,想穿得漂亮一点,这个要求如果是放在一般人家,也不算过分,但是她就没有考虑到自己家里的实际情况。

她父亲出去转了一圈,想借点钱给她买衣服,但确实借不到钱,因为当时家里已经负债累累了。那个女孩就躺在床上,不起床也不吃饭,使性子耍脾气,说生在这么个穷家,买件衣服都不能,如何如何。

她爸爸一看孩子那个样，实在没有办法了，就瞒着女儿偷偷去卖血，卖了300元钱，给她买了两身衣服。那时候是20世纪80年代，大家生活水平都不高，那300元钱能买很好的衣服了。

后来这个女孩看到爸爸给她买了新衣服，高高兴兴地穿着上大学去了。但是她爸爸没有去送她，因为卖血后身体虚弱，他病倒在床上了。

我听说这件事以后，心里咯噔一下。我不敢相信，在我的班里还会出现这种事情。这是我当老师的失职！你是一个学生，好不容易考上大学了，你不仅不理解父母为了你付出多少代价，你反过头来还提出这种过分的要求！我们能教育出这样的学生，连自己的父母都放不过，这个教育真是太悲哀了！在我的手下能教育出这样的学生来，我真是有些不能原谅自己。你说这种人即使学问再多，对社会能有什么贡献？

以前，我也是把全部精力扑在教学上。这件事发生后，我懂得了有句话说得有道理：千教万教，先教做人；千学万学，学会去爱。

清华大学的校训是"自强不息，厚德载物"。我理解这个"厚德载物"，就是说，学生首先要有良好的个性品德，才能承担起社会责任。

教育研究表明：僵硬的权威方式不能塑造孩子良好的个性；而一味放任，同样不能培养真正自立自信的个性。过去，在学校，在家里，老师和家长是主人，孩子是奴隶；如今，孩子至上，变成了主人，大人反而沦为奴隶。如果大人与孩子的关系，仅仅是主人与奴隶的关系，不管怎么倒转，都不能产生真正意义上的尊重、平等与合作，也无所谓民主自由了。

爱和管教都是需要的

学生一旦违纪，如果属于个人行为，我一般就不太去计较。但是，如果是触及班级利益或触及公共道德方面的事，我是从不迁就的。

有一次，班里在四楼排练节目。我们班的一个学生想去七楼练，可能他觉得那个地方安静一点。可是七楼是国际部，因为学校有规定，不准学生随便上去，七楼的女服务生就不让他上。可这个同学非要上去，就和那个女服务生争执起来。最后，他居然把那个女服务生骂哭了。人家领导不干了，找到我们年级组长，年级组长找到我，我了解了一下情况，就召开了班会。

我说："一个人不能想干什么就干什么。如果讲自由，那没有绝对的自由。是不是？国有国法，家有家规。再一个，我们还要不要讲尊重，讲品德？一个开电梯的女服务生，人家遵守学校的规定，有什么错？你非要破这个规定？你还破口大骂，你够不够档次？你不觉得自己素质太低了吗？知识的最高境界就是尊重，你连一个女孩都不会尊重，你的境界在哪儿？"

这个学生认识到自己做错了，说："我完全接受王老师的批评。这件事使我认识到怎样做人，怎样衡量得与失。我当时觉得很得意，把人家骂了一顿。现在我想想，恰好表现了自己恶劣的一面。我愿意向那个女孩当面道歉，并接受班级任何的处罚。"

我说："我说话没有处罚的意思，也够不上处罚。我希望同学们都能以此为戒，懂得一些做人的道理。"

还有一次，我带着一个班学生到海淀区教育基地去野营，在那住了一晚上，搞篝火晚会，大家玩得挺高兴。第二天准备往回走，都上了车了。我说，大家先别走。我就回到学生宿舍，到他们房间里去看了一下。那宿舍真是没法看，地板没有拖，桌子没有擦，又脏又乱，简直跟猪窝一样。接着我返回车上，跟同学讲了一段话。

我说："第十二届亚运会在日本举行时，去了一帮中国记者。当时那个体育场能容下 8 万多人。头一天晚上彩排结束后,当八万人撤离的时候,中国记者注意到:偌大的体育场里边,干干净净的,居然没有一片废纸。在场的中国记者非常吃惊,感叹道:'可怕的日本民族!'"

我一说到这儿,那些学生都往车下跑,去收拾房间了。开车的司机还纳闷儿:人怎么都跑了?过了半个多小时,我又下车去看了一下宿舍。这回,宿舍收拾得干干净净的。

过于严格,孩子可能会变得自卑,也可能变得激进和偏执;而过于宽容,孩子就可能陷入自身的欲望,而缺乏社会责任感和对他人的同情心。所以,对家长和老师而言,爱和管教都是需要的。

班训:"犯其至难,图其至远"

我带班一般都会有一个班训。12 班的班训叫"犯其至难,图其至远",引自宋代苏轼的《思治论》。关于它的意思,有一个学生解释得很到位:向至高至难的地方冲击,才能够达到至臻至美的境界;向至高至难的地方发起挑战,才能够达到最远的目标。意思就是,一个人敢于挖掘潜力,挑战极限,就能超越自我。用毛泽东的话说就是"无限风光在险峰"。

为什么会有班训呢?因为我们班有自己的班歌、班日志、班刊,还有班级网站,都是学生们自己管理的。而这些班级文化,需要一种灵魂的东西,我们就想要有一个班训。可是,用什么言简意赅的话做班训呢?同学们费了不少脑筋。

在讨论班训时,大家七嘴八舌争论不休。在 12 班里,许多事都是争论不休,都需要达成一致才行。大家你一句,我一句,拿不出一个统一意见,于是就决定:把同学个人认为可以作为班训的话,写到字条上。最后大家投票决定。最后投票结果,"犯其至难,图其至远"这句话票数最高。

而"犯其至难,图其至远"这张字条是谁写的?其实是我写的。我写完后,就把字条也放到大家写的字条中。因为我想,如果是班主任老师提的,可能影响学生本来的判断。可是,同学们讨论来讨论去,最后还是觉得"犯其至难,图其至远"这句话最能反映出12班的个性,就决定是它了。

有一次,我和12班学生在北京电视台《成长网站》做节目,我说12班学生的培养目标是四句话:科学家的思维,外交家的智慧,军事家的勇敢,政治家的胆魄。

我的意思是什么呢?第一句科学家的思维是说,学生以学业为主,首先要具有科学的精神。而后三句话是说,每个学生还要有个性化的发展目标。

可有人就说:"王老师你这个人太狂。"

可我并不这么认为。坦率地说,中考、高考一刀切下去,我们的中学教育都成了一种变形的教育。我们中学教育有点像什么呢?就像我抓了一把跳蚤,放到一个玻璃杯里面,然后那些跳蚤就跳个不停,跳得高的就跳出来了。我怕它们跳出来,就在上边盖着一个玻璃板,然后那些跳蚤继续跳,跳得高的跳蚤,忽然发现就算跳高了,还是会撞到玻璃板摔下来,于是就不跳高了。过一会儿你把那个玻璃板再撤了,你会发现每一个跳蚤都在里边跳,但是它们跳得都是一般高,没有一个跳出来的。我们很多学校的教育,采用的就是这种模式,这就是当前中国教育的悲哀。提倡个性、提倡永争第一难道是什么错误吗?

英国的一个小镇上有一位小杂货商,杂货商有个女儿叫玛格丽特。玛格丽特从小受到父亲的教育就是,永争一流。父亲对女儿说:你就是坐公共汽车，也要坐到前排。女儿记住了父亲的教诲，从小学到大学，学业成绩总是名列前茅，演讲、文艺、体育等活动也一直走在前列。校长评价说："她是学校中最优秀的学生，每件事都做得很出色。"这位优秀的女生，后来成为英国第一位女首相，就是玛格丽特·撒切尔夫人。

我常对学生们说：一个人可以一辈子不登山，但他的心中一定要有座山，这就是目标。这座山使你总往高处爬，使你总有个奋斗的方向，使你任何一刻抬起头都能看见自己的希望。要实现希望和憧憬，就要挑战艰难、挑战自己，这就是"犯其至难，图其至远"的境界。后来的3年，12班的学生都会常常提及这个班训，想起这个班训，以自我激励。事实证明，他们做得非常优秀。我把12班学生在3年里取得的一些成果罗列如下：

校运会和体育节4个团体项目冠军

校田径运动会总分第一名

校艺术节优秀班级

校网页大赛特等奖

3年中有25人次在国家级学科竞赛中获奖

北京市优秀班集体

自信：与日本中学生同台竞技

12班学生个性大都比较自信，而且富于挑战性。他们曾同日本高中生同台竞技，显示了良好的个人素质。

2001年秋天，中国中学生与日本中学生进行了一次远程教学交流活动。据说，这是中日两国中学生第一次通过远程手段进行教学交流。中方15名学生来自人大附中高中12班。日方15名中学生来自大阪教育学院天王寺附属中学，也是日本一所优秀中学。

按照双方的共同约定，这次远程教学交流活动的规则是：

第一，主讲者是双方学生，教师只能做指导。

第二，内容是数学方面的，而且必须是双方学生都没有学过的。

第三，双方学生都用英语来讲。

任远同学是这次活动的主力队员之一。他说："我们更喜欢参与式的学习，而不仅仅是听，或仅仅是观察。我们喜欢自己动手做，在行动中去体会、去感受。此次的远程教学活动，自始至终我们学生是主角，老师只是在幕后作指导，给支持。我们在和日本同学的互动中，大家都同时既是'师'，又是'生'，从查找资料、制作教具、编写教案，到在课堂讲授，都是我们学生亲自做，这是对我们自主学习能力、动手能力和创造能力的一个极好的锻炼。"

这次远程教学活动交流，中方学生选的专题是"数学与绘画"，日本学生选择的专题是"数学与投影"。

2001年10月27日，在中国北京和日本大阪，两国中学生通过远程电视开始同台交流。当天，两国教育部门的官员和专家莅临现场。中央电视台等各大主流媒体给予了现场报道。

按照这次活动的规定程序，第一回合由日方学生给中方学生讲，然后由双方学生相互提问；第二回合是中方学生向日方学生讲和双方学生的提问；最后是双方学生相互交流。

现场第一回合开始了，日方学生先讲。说实话，在这次交流活动中，中国学生发现日方学生并非如想象的那么棒，包括他们的英语水平、课件的制作能力及教学设备。

首先是英语，他们说英语不如我们说得地道。对于课件的制作水平，日本学生用的是投影仪，都是用手写的，然后投放到电视屏幕上。而到中国学生讲解时，用的是电脑制作，轻轻一按就显示在电脑屏幕上。再说设备，我们传输的线路是8条，他们的是2条，所以他们讲的时候，信号有时会断，传输效果不好。

现场还发生了一件尴尬的事情。按照规则的要求，学生演讲40分钟以后，留出20分钟时间，双方进行提问。日方学生先提问中方学生，我方同学都迅速地给予了准确的回答。然而当中方学生提了一个问题，日方学生却没有答出来，日方学生就把问题给了日方指导教师，可是日方指导教师也答不出来，又交给了在现场的日本数学学会会长，可是这个会长也答不上来。

然后，轮到日本学生提问题，等了20分钟，那边的课堂非常静，日本学生都低着头，没有人提问题。后来日本学生说，他们想不到中国中学生的英语水平、数学水平和课件制作水平达到了这个程度。

当时，日本国会有个议员参加了这次活动，他对中国学生的英语水平、课件制作水平和数学水平非常吃惊。日本民族有个明显特点，就是你比他弱，他就瞧不起你；你比他强，他马上对你尊敬有加。活动结束后，这个议员在日本呼吁国民要有教育上的危机感。不久以后，就有若干日本议员代表团专程到北京人大附中来参观。

那年，"第三届国际数学教育与数学文化史大会"在日本召开。日本方面就特地给参加远程教学活动的中方学生发出邀请，我带着12班8个学生应邀前往日本东京参加了那届数学界国际大会。

作为中方学生指导教师，我在大会上宣读了指导论文：《教育教学观念的变革——中日远程教学的成功实施给我们的启示》。本来，因为现场有翻译，我是准备用汉语来宣读的，可是，我一听那些日本人英文那么烂还敢讲，我就索性用英文宣读了。（直讲得那些与会日本人目瞪口呆，因为他们几乎听不懂。）

南非黑人领袖纳尔逊·曼德拉说过这样一句话："人生可怕的事情不是你更多地看到自己的不足，而是没有看到自身所具有的巨大潜能。"我常用这句话来激励学生，也激励我自己。实际上，学生身上具有巨大的个性潜能，只是我们没有发现和挖掘而已。

自我管理：成长的阶梯

> 孩子自己能做的事就让他自己做，千万别替他去做。
> ——卡尔·威特

班级这个"麻雀"虽小，可也五脏俱全。如果学生能够借助班级这个平台实现自我管理，对他们的学业和成长，既是好机会，也更有效率。

我认为，老师如果做了学生能够做的事情，那就是剥夺了学生学会自我管理的权利，也剥夺了他们发展自己能力的机会。

🎓 学会承担责任

在沂水一中的时候，我接了一个高三班（高三一般都不搞竞选班长）。第一天和同学见面，我自然就问班长是谁，一个同学很不情愿地站了起来说他就是班长。我挺纳闷儿，课后我就跟班长谈话。他跟我说："老师，我不想干这个班长了。"

我问:"什么原因?"

他说他受了伤害。原来,这个班长责任心挺强,管事管多了,自然就得罪了一些学生。后来,因为一件事发生争执,这个班长就被几个同学给揍了一顿。而这件事,原班主任老师都不知道,因此这个班长觉得很受伤害。

我当时一听,很惊奇,居然还有这样的事!

我跟这位同学说:"你年纪轻轻的这么点儿跤都摔不了,那还算是个男子汉吗?你在哪儿摔倒就在哪儿爬起来。当时是谁揍的你?为什么要揍你?这是班风不正的一个表现,不是你个人的责任。只要我带班,你就不用担心。这个班长就你干,不管你干得怎么样,我一定要帮助你,我相信你一定能干好,让那些伤害你的同学主动向你赔礼道歉。"

我就帮这个班长出了一些主意,与他商量怎么开展班里的工作。这位班长的劲头就上来了,说:"王老师您放心吧,我肯定会好好干。"

以前班长性格软一些,管不住同学。现在他底气足了,也变得有魄力起来。

有一天,班长来找我,说:"老师,我把一个组长给撤了。"

我问:"怎么撤的?"

他就讲了事情的经过:县里中学教室大,学生多,得经常打扫卫生。这次,班长就安排了一个组同学打扫卫生。安排好后,这个组组长就找到班长,说:"上一次是从我们组开始的,这一次又从我们组开始,不公平。"

班长说:"现在已经安排完了,来不及更改。你说的这件事,如果是我的失误,今后我会弥补。"

组长说:"那不行。"

班长说:"你想好了,你们组到底干不干?"

组长说:"不干。"

班长说:"好,我现在正式宣布,你这个组长被撤职了。我安排同学来打扫卫生。"

我听他讲述了这个过程,说:"好。我希望你有这种果断的工作风格。"开班会的时候,我就对班长的行为进行了鼓励,又从侧面说服了一下那个组长。

从这件事以后,班长胆量就越来越大,威信也越来越高,班里的工作也顺了。

那几个曾经打过班长的同学,也先后去跟班长赔礼道歉了。

我常说:"咱们学生要学会承担责任。将来看一个人有没有出息,看你什么呢?学习是一个方面。更重要的是,当把这个工作交给你的时候,你能不能尽快地显示出组织能力和领导能力。这种能力靠什么锻炼,不就靠在班干部这个位置上进行锻炼吗?我不喜欢那种唯唯诺诺的学生,不喜欢那种怕得罪人而瞻前顾后的学生。"

我还跟同学说:"当班干部不是一种负担。在相同情况下,班级为你提供了更大的舞台、更好的成长条件、更多的成才机会。你可以让自身的潜能和特长得到更大的发挥。从时间上好像耽误一些,可是由于责任的激励,你学习起来会更有效率,你的学习成绩也会得到相应提高。"其实,从我的经验看,很少有学生因为当了班干部而学习成绩下降的,相反,大多数学生在当班干部后,学习成绩进步得更快了。

我对班干部是从不挑剔的,谁当都行。因为我不相信一个学生比另外一个学生的组织能力强多少,就看你想不想干,态度才是最重要的。我给班干部开会,第一件事就是先解决态度问题。如果你实在不想干了,可以提出来,我们也可以换。但是人在其位,必谋其政,你只要干，就要踏踏实实地干好，没有退路。学生难免出错，如果你出了问题，我给你撑腰，我给你兜着。你不懂方法，我也可以来手把手教你，怎样行使责任，怎样分工合作。

学会竞争与合作

2000年，我接手带人大附中高中12班，做班主任。高一一开学就要酝酿组建班委、团支部。这时候，就有同学跟我提出来："班长不能由班主任老师指定，一定要竞选班长，这样才公平。"

我考虑了一番，就同意了。因为现在许多孩子心气比较高，同学之间有小圈子。而且这个班由于在初中多次更换班主任，班里没有形成很好的风气。如果指定班长，势必引发同学之间的不平衡和矛盾。而班长如果是公平竞选上去的，对于这样一个需要加强团队合作精神的班级来说，肯定是上策了。

所以，我不仅采纳了这位同学的建议，还扩展了这个建议，形成规则，并在班上公布了。

竞选都有些什么规则呢？

第一，不仅班长要竞选，团支书也要竞选。

第二，班长和团支书竞选要有竞选班子。谁竞选，谁选上班长、团支书，我不管。但班长、团支书一个人势单力薄，达不到竞选目的。所以，谁竞选上班长、团支书，谁就自主层层"组阁"，任命班委、支委、各组组长等，学习委员则要任命各学科科代表。

第三，班委、团支部工作任期半年，半年一换。半年一到期，自动解除。然后开始重新竞选，谁竞选成功，他选的其他班干部，必须是过去没当过班干部的。这样做的好处是，逼着他挑选没当过干部的同学。于是，三年下来，几乎每个学生都有做班干部的机会，都有锻炼自我管理能力的机会。

第四，规定班长、团支书的任职条件。就是你必须对这个班负起责任，而且业绩必须超过前任才行。

"班委轮流当，明天你坐庄。"按照这样的竞选规则，"选战"就要打响了。

当初12班里，提出班长要竞选的学生，多少也有一些现实考虑，其中一个想法就是希望把那帮他们喜欢的同学选上去，而把那帮他们不喜欢的人选下去。具体说，就是想把现任代理班长选下去，这个代理班长名叫薛坤。

薛坤同学代理班长，是我指定的。之所以指定薛坤，是因为他在初三就是这个班的主要班干部。而且据我了解，薛坤同学学业优异，作风正派，组织能力也强。在我和其他老师看来，他是个优秀学生干部。

指定薛坤做代理班长，我当时的想法是让他回头再来竞选班长。没想到受到许多同学的反对，而且反对的呼声这么高。我分析一些同学反对他的理由，一是班长薛坤管事得罪了一部分同学；二是到了高中，这些个性十足的学生们大概希望看到新面孔；三是有学生分帮的因素。

我跟薛坤有过交流，我问他："如果你认为自己是个优秀学生，是个优秀学生干部，你有没有赢得起输得起的心态？你能不能不在意一时的输赢，而让时间来证明一切？"

薛坤说："老师，我能。"

我说："那你就应该知道怎么办了。"

薛坤点点头。

不久，竞选就开始了。当时参加竞选班长的有四个同学，每人背后都有一个团队，竞选非常激烈。我坐在下面，听着他们各自发表竞选演说。竞选演说真精彩，不断有掌声、笑声，当然也有讥讽声。

竞选过程中，薛坤同学上场了。他说："我报名了，但我并不想参加竞选了。我过去当班长期间，因为工作方法不妥当，可能给大家造成一些伤害，大家对我有些意见。但是我相信，在今后咱们共同学习、共同努力的日子里，我会用我的实际行动得到大家的理解，会让大家重新认识我，重新接受我，所以今天呢，我不是来竞选的，我是表明我的态度，无论谁当班长，我都会坚定支持。"

薛坤这么一说，下面同学全愣了，他们根本想不到薛坤会这么说。一些同学就好像站在拳击台上，一直摩拳擦掌，准备猛击对手，可是没想到，对手彬彬有礼地向他们伸出了手。结果，听到薛坤这么一说，有些学生马上觉得惭愧起来。薛坤的话一说完，下面就哗哗地掌声一片，表示对他的敬意。薛坤毕竟曾是班长，为同学们做过好多事呀。

轮到最后一组，也是最有实力竞选的同学上台，他叫刘翀（后被保送至清华大学数学系，曾获全国青少年科技大赛一等奖，当过清华大学数学系学生会主席）。他就说："我首先为薛坤同学这种精神深深地感动，我虽然参加竞选，但是我由衷地向薛坤同学表示敬佩……"

下面同学又鼓掌。

结果是最后这一组人竞选成功了，刘翀同学当选班长。刘翀不仅学业突出，还兼有多项特长，能以高票当选证明了他的实力。

薛坤做班长的时候，刘翀是班里的体育委员。现在刘翀当选班长，他"组阁"时就来征求我的意见。我说："其他班委一概由你自己拿主意，就是薛坤同学，我建议你考虑一下，薛坤是一个好学生干部。"

他说："我也知道，老师您说呢？"

我说："你自己决定。"

他说:"我想让薛坤当体育委员。"

我说:"我建议你最好征求一下薛坤的意见,他同意干,你就用他。"

刘翀就找到薛坤,薛坤说:"你让我干,我就干。"

刘翀当班长,薛坤就当了体育委员。这两人为人正直,工作积极主动,后来就感动了许多同学。两帮同学的恩怨就逐步开始化解了,班里的团队意识、合作意识也越来越强。

到了高三,薛坤同学又被同学们一致推选为班长。薛坤在高二时,还成功竞选上了人大附中校学生会主席,表现得很出色。薛坤同学曾在2000—2002年连续三年获全国高中数学联赛北京赛区一等奖,后就读于清华大学自动化专业。

面对落选

12班的班长竞选,每学期都进行一次。所以,像薛坤同学那样上上下下,就成了正常的事。面对落选,学生需要多一点磨炼,多一点平常心。

12班有个学生叫任远。他具有主持能力,曾经司职中央电视台《第二起跑线》栏目主持人。他英语特棒,听说以前随父母在澳大利亚待过一年。还有,他体育也很棒,跑100米全校第一,跑400米也挺厉害。

任远在刘翀班长"组阁"时,是班文艺委员,在任期间,我和同学们对他的工作能力有了认识。到了高一第二学期,第一届班委和团支部就集体卸任了。我就建议任远同学去竞选班长。我说:"看你这小子能力挺强,大家对你的评价也不错,我建议你竞选班长,把你的能力充分发挥出来。"

任远说:"王老师,我不敢。"

我说:"你看,这时候你怎么就不行了?我看你行。人生最大的不幸就是不自信,如果你自己都看不起自己,谁还看得起你呀?"

他说:"老师,我知道您说得对,可是我身上有不少毛病。"

任远是个有弱点的学生。可我想,教育学生就是要扬长避短,你不能光看到他的缺点,只看到他这样不行,那样不行,而是要首先肯定他的优点。他得到肯定以后,就有一种成就感,他就想做得更好,缺点也就慢慢改了。

有时候,我们很容易看到学生的缺点,而且越看越不顺眼,这个学生到最后就破罐子破摔了。所以,越是有缺点的学生,我们越应该去寻找他的优点。因此,我才建议并鼓励任远去竞选班长。

于是,任远就报名竞选班长了。任远平时在班里很有影响力,很有号召力,所以这次呼声很高,颇有点天下舍我其谁的气势。可是,在竞选那天,没想到从半路杀出来一个同学,就是肖盾同学(后就读于英国剑桥大学)。

结果,任远同学以一票之差惜败。

任远同学是我建议去参加竞选的,没被选上,我虽为他惋惜,但也不能改变这个结果。任远在第一次竞选班长落败后,精神状态依然平和饱满,可见他心理素质不错。

到了高二的第一学期,班干部第三任换届时,任远再次参加班长竞选,这次他的竞争对手是陈曦同学(后就读于清华大学建筑系)。结果,任远这次竞选再次落选,败给了陈曦。和上届败给肖盾一样,还是就差一票!

任远同学两次落败,都是以一票之差,看来竞选真的很残酷呀。不过这次看得出来,任远有了心灰意冷的感觉,觉得老天对他不公平,同学对他也不大公平。面对这样的结果,我也没多说什么。

又到一学期班干部改选的时候，这已是高二下半学期。我就在班上说了："任远是个优秀的同学，他的团队精神和组织能力大家有目共睹，以前两度参选，精神可嘉，所以我提议，本届班长由他担任。"同学们以掌声通过了我的提议。

为什么要这样做？因为我想，任远毕竟是个学生，这样连选连败，会给他心理造成不好的影响，对他的自尊心是个打击。所以这次，我就例外地动用了一点班主任的权威。好在多数同学还是能够理解的。我不知道我的做法影响好不好，但有一点我是认定的，这对任远是一个保护，是对他自信心的保护。对每个学生负责，这是我带班的原则。

任远上任第一天，他又把头发染红了！以前在军训时，他染红了头发，被我动员剪掉了。现在怎么又染了发？在班上，任远是这样说的："我把头发全部染红了，我希望大家感受我生命的热情！我一定为大家好好服务。"

任远后来的所作所为，赢得了同学们的承认和肯定，上任后他为班里做了很多事，他的那一届班子，给大家留下深刻的印象。这也证明他是一个挺有能力的学生。

任远的母亲说："当其他高三的学生都已经进入'备战'状态的时候，我发现任远在忙于准备考托福，申请美国的大学。对此，我十分焦虑和不安。'9·11'事件振荡未稳，海湾又已硝烟弥漫，作为一个高中学生，此时申请去美国读本科几乎是天方夜谭。我郑重地找任远谈话，告诉他我的担心和不安。"

任远说："我不认为没有希望，只要有一点希望我就要努力争取，即便没有结果，申请的准备过程，对我来说也是有意义的，我会接受很多新信息，会提高英语能力。高三的一年简直是浪费生命，没有学习新知识，只是在反复重复那些将来没有多大用处的东西，而这样做的唯一目的就是互相残杀，打败对手，争取高分。"

正是有了这种自信，任远敢于挑战老师，发表不同意见，能够在各种交往和活动场合自如表达；正是有了这种自信，任远可以面对世界最高学府的教授对答如流，敢于对耶鲁大学面试教授说"您并不像别人说的那么难对付"；正是有了这种自信，任远为自己赢得了机会，在强手如林的世界青少年竞争中走进了耶鲁大学。

管理能力是磨炼出来的

因为班委每半年一换，许多同学都有展示和磨炼自己的机会，而12班学生也有很高的竞选热情。有个看似普通的同学，却竞选班长成功了，他就是肖盾同学。

肖盾也是个性比较强的学生。据他自己说，上初中时，因为要求入团而没被批准，就觉得自尊心受了伤害，以后就坚决不入团了。到了高中，肖盾还是不入团，他妈就着急了，高中学生都是团员了，就他不是。他妈就对我说："王老师，他听你的，你能不能动员肖盾入团？"

后来我就跟肖盾谈。我说："肖盾，你对入团怎么看？"

肖盾说："老师，你是不是让我入团？"

我说："我只是感觉，咱们班几乎所有学生都是团员了，就你不是，而你又是一个上进学生，我也希望你能入团。可人各有志，我不能强求你。"

他说："我不想入团。"接着，他就把初中要求入团那个过程说了一遍，然后说："老师，我不入团，但我会继续上进，希望你能相信我。"

可能许多同学不了解肖盾，其实他是个素质不错的学生。他自己写过一个简历，叫作"超简短成长史"：

第三章
课外：影响孩子人生的5个关键词

> 1991年，我在北京七一小学上学，小学期间学习成绩优秀，担任大队长。1997年升入中国人民大学附属中学，此时学习成绩沦为较好，但沉迷于电脑和足球。由于是住宿生，个人生活能力得到了很大锻炼。2000年，本人还有幸到美国、欧洲见了一下世面。同年升入本校高中，并荣幸地成为数学实验班高一（12）班的一员。
>
> 我的兴趣爱好很广泛，凡是别人能喜欢的东西我都喜欢。运动中，尤其喜欢踢足球，虽球技不高，却带领高一（12）班足球队获得了人大附中高一足球联赛冠军。我最喜欢的球队是国际米兰，球员是罗纳尔多，他们都和我一样出色。我还会吹小号，并从师于柏林教授。

在第一学年下半学期，肖盾同学出人意料地站出来要竞选班长。

那时在班上，打眼一看肖盾吧，有点儿名不见经传的感觉。前面说过，肖盾在初中和高中，连团员都不是，班干部也没他的份儿，很有点儿隐退江湖的意思。可是男孩的血总是热的，大约是竞选氛围拨动起他的雄心，他就向热门候选人任远同学发起了挑战。

肖盾个子不高，平日又有些默默无闻，所以大家最初并不看好他，可是演讲那天，他的班长竞选演讲是那么真切，那么深情。这群中学生大都是性情中人，局面一下子就起了变化，一些人就把票投给了他。计票结果出来，他比任远多了一票。

肖盾同学胜出完全是因为演讲好吗？表面看好像是。可想一想，除了演讲因素，其实还有另外的因素。肖盾不是班干部，可他是班里的足球队长，踢中场，足球踢得好，很卖力。有一次比赛前，肖盾同学把头剃得光光的，同学们感到又好笑又奇怪，而肖盾同学的解释是，削发明志。

12班学生大都是足球迷，我想肖盾能够成功当选班长是沾了班上足球明星的人气。

说起来挺有意思，肖盾和任远这两个竞选班长的人，后来一个去了英国剑桥大学，一个去了美国耶鲁大学，都是获得全额奖学金去的。竞选班长时，两人实力不差上下，远走异国求学，也还是一派竞争的架势啊。

肖盾竞选班长胜出以后，开展工作有些困难，又有同学找他麻烦。他遇到这些烦恼的时候，就愁眉苦脸地来找我，跟我沟通。

我跟肖盾同学说："人有时需要多一份磨难，多一份坎坷。你从小一路顺利走来，很少经历挫折，这样的成长经历是不健全的。在班长这个位置，你可以知道，其实好多事情是复杂的，我相信你在这样一个困难的情况下，能把事情处理好，而且我相信，这段经历对于你将来的工作和生活也是有益的。"

我还说："不要总想着一呼百应，大家都听你的。第一，目前你还没有这个能力；第二，如果这样想，你的能力也锻炼不出来。"肖盾来时一脸苦恼，走的时候一身轻松。

肖盾同学当班长时，那届"班议会"的"学生议员"们，不知他们对班议会规则是怎样理解的，他们对班长肖盾的工作不大支持。其实，按我理解，权力制衡是必要的，但制衡跟制约不是一个意思，制衡的本意是多一些建设性，而我觉得有些同学过于看重制约的意义了。

我一看肖盾做班长很难的样子，就把班"议员"们叫出来，那时候，学生议员中有刘翀、任远、顾童等同学。我说："班长肖盾现在开展工作有些困难，你们这些议员不能光横在中间，还应该帮助他。既要帮助，也要监督才对。"

学生议员辩解说："老师，我们没有故意与肖盾作对。"

我说："你们素质都很好，肖盾的工作你们该不该多支持？"那时候，议员中的好几个同学都曾是班级骨干。我说："你们都是我中意的骨干，在肖盾最困难的时候，你们是不是应该更多的拿出一些正义感？"后来学生议员们就对肖盾支持多了，当然还是少不了批评。不过，肖盾的班长工作，后来还是顺多了。

肖盾的家长说，肖盾在12班的班长经历，对他在英国剑桥大学的生活都很有帮助。肖盾赴英前，父母送给儿子的临别赠言是老子的话："智者不惑，勇者不惧，适者有寿，仁者无敌。"

2003年4月，肖盾同学获得了"英国国际学生金奖"，这是全英20万名国际学生的最高奖项。

生日祝福

汲婧同学是12班第一任学习委员，后来就读于北京大学医学院。

不知道是从哪些渠道打听的，汲婧同学把班上每个学生的生日都记下来了。这样，每个同学过生日时，生日祝词就会在黑板上出现。所以大家每天早晨一进教室，就看黑板，看看今天是谁的生日。

汲婧同学说：

干过的诸多事情中，有一件让我记忆犹新，那就是调查每一个同学的生日。其实这并不是公差，而是我自己的私心，我总觉得，在过生日时被人祝福，是一件很快乐的事情。想想看，班里一共有50多个人，被忽略掉是很正常的事情，在你看来，别人的生日并不是什么大事情，可是当自己过的时候，却真的希望能被关注。

基于这种想法，我假公济私，以班主任的名义开始调查。其实过程并不是很顺利，有一些同学不愿意将自己的信息公之于众。但是在我的威逼利诱之下，还是不得不招供，也有的人对此嗤之以鼻，不过我都不在乎，只要等到生日那天，我想他们就会明白。

调查完毕之后，我用了一个小时的时间将这些生日都记了下来。此后的日子里，凡是有同学过生日，我都会在一大早就送上祝福，看到他们的笑脸，我心里也很是开心。

一段时间后，我觉得一个人的祝福也许少了一点，毕竟12班是一个大家庭，所有的东西都应该一起分享，在征得班主任老师同意后，我会在同学过生日的早上，把这个消息写在黑板上。在早读的时候，我带着大家向他表示祝贺。于是大家逐渐养成了每天早上一进门就先望黑板的习惯，期待着每天都有可能的一份惊喜。

步入高三之后，学业的繁忙，使同学之间多了几分生疏，随着年龄的增长，大家也不再把生日看得那么重。不过我仍然一厢情愿地微笑着，对每个人说生日快乐。我要让他们知道，他们并没有被忘记，班里仍有人记着他们。我知道，有人惦记的感觉很好。

这就是我，很喜欢执着地干一些事情，我不在乎别人怎么看，只要我知道这是一件能让同学快乐的事情，我就会坚持。

> 我热爱这个班，热爱这个班里的每一个同学，写这篇文章，只是想告诉他们，无论什么时候，我都会在心里，为他们献上最真挚的祝福。高中时代已然结束，但12班却成为一个不朽的传奇。我相信，无论天涯海角，12班，都会是同学心中永远的避风港。

教育专家认为，在某些人看来不适合中学生们做的事情，实际上他们是可以胜任的，只是我们出于爱心或对孩子能力缺乏认识，导致我们成人经常去操纵孩子的行为，这就剥夺了孩子锻炼自身的机会。我们过分干涉的教育方式，过多的呵护，使学生适应性差，做什么事都缺乏主见，缺乏勇气；遇到困难时不敢面对，犹豫不决，对孩子的个性发展产生了不良影响。

而事实上，每个中学生都可以做得比我们想象的更好。

🎓 学生干部的潜力

李峥同学长得胖乎乎的，特憨厚。他在初中时是校学生会副主席、班长、团支书。刚刚进入12班时，我就征求他的意见，问他是否愿意当干部，为同学们服务。当时他说对这个班一点儿也不了解，也没有找到自己的位置，所以婉言谢绝了。

开学一个多月后，班级要举行第一次班长、团支书竞选大会。根据一个多月里的了解，李峥开始相信自己，准备参加竞选。以前，他参加过很多次竞选，从来没有失败过，他相信自己的口才和能力。

他竞选的是团支部书记。但这次他以两票之差落败，这是他第一次竞选失败。他这才切身体会到什么是竞争，体会到他和别人之间还存在的差距。

后来，他加入了新任班长刘翀的"组阁"班子，在竞选过后开始担任12班的副班长。他开始在工作中从头做起，做工作总是争取在最前面。通过这一段时间的锻炼，他的工作能力得到了非常大的提高。

有一天上数学课，我走进教室，看见黑板上写着：今天是12班李峥同学的生日。我略一琢磨，就写了一首诗送给他：

> 长城脚下枫叶红，
> 庆贺人间出精灵。
> 风霜路上十六年，
> 李家男儿初长成。

李峥没想到过生日老师能送诗给他，很感动，对学习和班里的工作就更主动积极了。凭借在第一学期的工作成绩和对团务工作的熟悉，高一第二学期通过竞选，李峥开始担任12班的团支部书记。

李峥很有公益心。2003年春天抗"非典"期间，薛坤同学时任12班班长和校学生会主席，因为薛坤放弃保送，得考大学，我就对李峥说："你得负起这个责任来。"李峥曾获2002年全国高中数学联赛一等奖，获得清华保送生资格，又是班上的团支书，还是校团委书记。李峥就对薛坤说："班里和校会的事，你不用管了，我帮你。"

"非典"肆虐那一段时间，正是高考备考的最后阶段，学校忙，学生忙，李峥一个人前前后后跑。后来在他的入党大会上，年级组长于秀娟老师说："要是没有李峥，我这个年级组长都不知道要累成什么样。"李峥入了党，是人大附中近六年里发展的唯一的学生中共党员。

他后来就读于清华大学材料科学与工程系。

不做学生能做的事

我带的班曾经实行过班长竞选制、班干部轮换制,甚至还有班"议会"制。学生们进行自我管理,展示了他们丰富的个性特质。因为我认为竞选这种方式,对学生个性、自我管理能力和责任感是一种历练。

也许有人问:班里又是班委,又是议会的,王老师你呢?你起什么作用?

我觉得我比较放松。用人不疑,疑人不用,谁选上谁就当,班长愿意挑谁,我基本上不管。但前提是,班长的业绩必须超过上一届。还有,在工作过程中,出了什么事情,或遇到什么问题,我会去帮助他们。我说:"不是我让你干什么你就干什么,而是你得想出一个点子来告诉我,咱们应该干什么。如果我觉得你这个想法挺好,我就支持。"班干部的工作热情就是这样被激发起来的。

我常年带班,在来人大附中以前,我在青岛二中做过三年教导处主任,还在华盛实验学校担任过校长,对学生管理也有一些切身体验。我更倾向于学生的自主管理,授权式管理,而不喜欢事无巨细地大包大揽。

德国教育学家卡尔·威特认为,替孩子做他们能做的事,是对他们积极性的最大打击,因为这样会使他们失去实践的机会,就等于对他们说:我不相信你的能力和勇气。如此一来,孩子就会感到危机和不安全。因为安全感是建立在能够用自己的能力去处理问题的基础上的,如果孩子不自信,哪来的安全感呢?

关于班里搞竞选、轮换和议会,12班同学写过一篇总结性的文章,

内容如下:

　　我们班是精英的集合。可以说,每个人都有自己的才干。所以,在班干部任用上,我们没有使用一贯的常任制,而是使用了竞选制、轮换制。在每一学期开展班长的竞选活动,由若干组同学组成若干个竞选小组,然后发表演说,竞选班长(一正一副)、团支部书记(一正一副)。然后,由获票最多的班长和团支部书记,挑选新一任的班干部。

　　竞选的原则是,当过班长或团支书的人,不得再竞选班长和团支书,而当过班干部的人,也不得再被选为班干部。这种竞选方式,有利于同学们展示自己的演讲技巧,有利于同学们选出自己称心的班长,有利于给更多的同学,在更多的工作岗位上锻炼的机会,使他们能够在适合自己的领域里,施展自己的才能,达到培养每个人工作能力的目的。

　　参选者在演说完毕后,还必须回答王老师和同学们的一些问题。如果演说是"有备而来",那么,这"答记者问"则完全是即兴的了,而且问题也决非形式上的泛泛之谈,每一个问题都很有针对性。要想出色过关,自信、沉着、智慧,缺一不可。然而敢于参选的人,也一定是有两下子的,不敢说个个应答如流,却也都有对策。于是,在一番角逐之后,我们的"班子"产生了,接下来的任务就是治理"天下"。

　　这个"天下"不大——巴掌大块儿地,50来人儿,日常琐事儿。然而它却是个顶不好治理的"天下"。这不,新官上任的三把火尚未点旺,就已有绊脚石横在了大路中央——有人提议:要建立一个"班级议会",它的功能,说好听了,是联系"民众"和"干部"的桥梁;说穿了就是监督干部工作,随时有权"弹劾"。

这个建议一出台,四方响应,"班子"也倒爽快,接受了。于是,议会立竿见影地拟出并通过了议会章程和制度。12班,就像一个五脏六腑俱全的缩微社会,踏上了它的发展征程。

自高一开学以来到现在,我们一共实行了三个学期的轮换制,收到了良好的效果。

首先,在学校进行的量化评比中,我们一直稳居年级第一。这不能不说是轮换制的功劳。因为后一任班干部,既可以打破前一任班干部的成规,大胆改革,又可以吸收前一任班干部的经验教训,在各方面不断进步。

其次,我们的班级风气也有了极大的改善。这也是轮换制带来的好处。因为当过班干部的人,了解班干部的难处,会全力支持他们的工作。

第三,班干部轮换制培养锻炼了同学们组织工作的能力,为学校输送了大批学生干部。在学校的各项日常活动中,这些学生干部起到了不可替代的作用。在最近一次学生会和校团委的改选中,我们班共有四人被选举为校学生会和校团委的干部,其中一人是校学生会主席(薛坤),一人是校学生团委书记(李峥)。

可以说,我们班的干部轮换制,是一个成功的班干部选举制度。

第 四 章

孩子与家长：如何应对叛逆青春期的紧张关系

> 教书是老师的事情，做作业是学生的事情。家长要干什么？家长是孩子的第一任老师，也是孩子心灵的依靠。家长就是孩子的一面镜子，孩子身上的问题总是有一个复杂的家庭背景。帮助孩子调整好心态，是家长的责任。

问题孩子往往出自问题家庭

> 一个榜样胜过书上二十条教诲。
> ——罗·阿谢姆

在很多家长眼里，孩子身上全是问题。有的家长还会气得跳脚大骂：我怎么生了这么个丢脸的儿子？可是，这些家长们有没有想过，为什么孩子身上会有这样那样的问题？这些问题从何而来？我们有没有反思过自身，是不是恰恰因为我们自己造成了孩子满身的问题？

孩子说：我父亲就是个"农民"

我班里有一个学生，很聪明，但就是不爱学习。有时候上课不听，作业不做，整天游手好闲。他也不捣乱，就在那个地方磨磨蹭蹭，应付考试基本上就凭着小聪明。

他爸爸是市里的一个局级干部。初中期间，他爸爸曾把他弄进一所实验中学的重点班。男孩本来学习没达到这个层次，一考试就考了个倒数,自信心很受打击,所以后来学习就更成问题了。

对这个学生,我也很着急,有时候也批评他,但发现他毛病太多,很难改。有一次,我找他谈话,他跟我说什么呢?他说:"为什么要上大学?我不上大学,我去当个体户,用上大学吗?"

我说:"你这个想法跟你爸爸谈过吗?"

他说:"跟我爸爸说?我想把他杀了!"

我吃一惊,问:"为什么?"

他说:"我爸爸跟我的关系,就是一个'揍'字,两句话说不来,就揍我。我跟他根本没有办法沟通,他就是一个'农民'。"

过了没几天,那学生又见到我,说:"王老师,告诉你一个重大的好消息,我父母要离婚了。"

我很吃惊:"你盼着父母离异?"

他说:"离了好。"

我问:"离了你跟谁呀?"

他说:"我谁也不跟,他们谁也管不着我,我就能过两天清静的日子了。"

看来,这位同学的父亲对儿子是非常严厉的。他觉得儿子很聪明,不爱学习就是欠揍,所以,一看儿子懒散,气不打一处来,就对儿子拳脚相加。

而这位同学的母亲呢,是个经商的,有些钱,对儿子又格外骄纵。两口子为孩子的问题经常吵来吵去,最后孩子的学习越来越差,两口子之间的感情也伤了,都要闹离婚了,而孩子还幸灾乐祸。

后来,我就给他爸爸打电话,我说:"你跟孩子的沟通是不是挺困难?"

他说:"是啊,一谈他就蹦。"

我说:"这样好不好?我牵头,你们两口子和孩子,咱们坐在一起,心平气和地谈一谈,行不行?"

他父亲说:"行。"

我又给他母亲打电话,也约好了。

然后,我又跟这个男生说。这男生坚决不同意:"不行,不行,我跟我爸根本没法沟通,两三句话以后,他就开始暴跳如雷,老师你不知道,他就是个'老农民'。"

我说:"有我在跟前还保护不了你啊?不行的话,他要敢动手,咱们两个人还斗不过他一个吗?"

我这么说,这个学生才勉强同意。

那天,我们4个人就找了个安静的小餐馆,坐到了一起。

我说:"平时,老是家长说,孩子听。今天,咱们家长要先听听孩子怎么说。你对爸妈有什么意见,你尽管提。"

我做学生的工作时,更多的是希望家长听学生的,而不是学生听家长的。因为学生听家长的话都听腻了,哪一个家长不是千叮咛万嘱咐?那些真理的话重复了几百遍,学生早就听烦了。家长的说教越多,管教越多,结果这个孩子的毛病反而越多。有些道理其实家长不懂,家长管孩子和老师管学生,是两个不同的概念。

这个男生就开始说了:"我不想考大学,我将来当个体户,当自由经理人,为什么要上大学呢?你们不理解孩子,不通情达理,你们本身说得不对,还一定要逼着我执行。"

他父亲说:"你将来不上大学,这个社会的人谁能瞧得起你?"

学生说:"我凭什么让别人瞧得起我,我自己瞧得起自己就行了!"

来之前,我跟他爸爸事先打过招呼,我说今天你不要发火,你就让孩子讲,他说行。可是现在,父亲觉得儿子说得毫无道理,还是忍

第四章
孩子与家长：如何应对叛逆青春期的紧张关系

不住与儿子吵了起来。

我就从中开导，我对他父母说："你们别总看孩子不顺眼。孩子自身有毛病，有问题，那得一点点解决。但是，我从来不认为这仅仅是学生的问题。家长就是孩子的一面镜子，孩子身上的问题总是有一个复杂的家庭背景。一个家庭的家长如果通情达理，孩子也会通情达理。一个孩子的性格古里古怪，说明他的家庭教育肯定有问题。"

我又对这位男生说："你也要理解父母呀。你张口闭口说父亲是个农民。跟你说吧，我也是一个农民。农民怎么了？至少农民朴实，至少农民懂得珍惜。我们是农民，我们农民能跑到北京来干一番事业，你父亲是农民，还管一个局的工作，说明我们农民不简单，你还说啥？"

那次谈话以后，那个学生和家长也开始反思自己。他们家庭之间的关系也改善了不少，那个男生后来还考上了一所重点大学。

这个孩子把父亲看成农民，这还是轻的。个别严重的孩子干脆就是把父母当作自己心中的仇敌。浙江省金华市第四中学高二学生徐力，因为母亲管教太严，经常打骂他，一怒之下，竟举起木柄榔头将母亲活活砸死。

云南大学学生马加爵，残杀四名同学。然而，当记者寻访他的人生履历时，没想到他给人的印象却是，父母眼里的好孩子，师生面前的好学生，村民眼中的好青年。可是案发后，人们经过调查才发现马加爵有严重的心理问题，在他15岁的时候，听见父母争吵，他居然就想把父亲杀死！

孩子当然有自身的问题。而一些父母，将自己对未来的期望，将沉重的压力，转嫁到孩子身上，造成了孩子更大的问题。在社会转型时期，人们片面追求财富、地位的同时，往往忽视了生活中最根本的东西——爱与宽容。

"把孩子变笨的高招"

有一年夏天,一位在北京的山东老乡找到我,说他儿子高二期末考试成绩很差,他很生气也很焦急。这位老乡是山东一家大公司的老总,业务这么忙,还请了一个月的假,要专门陪孩子学习,可是他觉得效果也并不好,所以找到我,来讨教办法。

我说:"你先把孩子叫来,我跟他谈谈。"

学生来了,蔫头蔫脑的。我问他:"你这次考试怎么样?"

学生说:"还行。"

我说:"还行是一个什么概念?"

他说:"和期中考试相比,我提高了3个名次。"

我说:"那你太厉害了。你知道人大附中今年考上清华、北大有多少人?有170多人。人大附中哪一个学生都很厉害,你能够在两个月时间内追上3个学生,多么不容易!高三还要经过8次大考,如果从现在开始,你每一次追上3个的话,到高三结束的时候,你就进了班里前20名,班里前20名的学生考中国人民大学都很有希望。"

学生听了我的话,眼睛顿时亮了起来,精神也振作起来了。

然后,我对他父亲说:"你当爸爸的,怎么一口咬定你孩子考得特差?他怎么差了?人家提高了3个名次,在你这儿还得不到鼓励,你到底让他提高多少才满意呢?你说一个数。"

他爸爸无言以对。

我又问学生:"这个暑假你准备怎么干?"

他说:"我爸爸就是看着我,让我看书。"

第四章
孩子与家长：如何应对叛逆青春期的紧张关系

原来，他爸爸专门请了一个月的假，就是每天早早地把这孩子叫醒，看着他进了书房，把门一关，他爸爸就在外面守着；然后中午叫他出来吃饭，吃完饭以后，午睡一会儿，把他叫醒再学；到晚上，规定 11 点睡觉。这中间孩子不能出去，要下楼还得打一个招呼，跟他请假。

我就问："那你这个假期，一天能学多长时间？"

他说："每天学 10 个小时。"

我问："效果怎么样？"

他说："效果不好。"

我问："你平常在学校学几个小时？"

他说："平常在学校我就学 8 个小时。"

我说："现在你为什么不调回 8 个小时？"

他说："我不能调整，我爸爸看着我，他不让我出去。"

我就对他父亲说："假期总是孩子的假期。没有像你对孩子这样的要求法。你当家长的在外边看着，你知道他在里边干啥？他学习效率高不高呢？这不是自我欺骗，拿着孩子的前程当儿戏吗？其实，你根本没有尽到家长的责任，你心里就觉得反正我看着你了，至于学习能不能上来，你研究过吗？你那只是安慰自己的心理而已。"

我又说："平时，我要求我的学生，可以有段时间不学习。但只要学习，每分每秒都必须是高效的。最可悲的是什么呢？该玩的时候，不能痛痛快快地玩；该学的时候又学不进去，最怕的就是这个状态。所以，该玩就出去玩，痛痛快快玩，打两个小时的球也行，但是到时间就必须回来，回来学习就要全神贯注。如果这样做，效率肯定就高起来了。"

我问这孩子："你能不能做到？"

他说:"我能做到。"

结果,当着他父亲的面,我们就讨论出一个学习时间表:一天学习8个小时,上午3个小时,下午3个小时,晚上2个小时。

我又问:"你怎么看书?"

他说:"我从头看,看完了做题。"

我说:"如果有些学科学得很差,你就应该先看书,后做题;而如果有些学科学得比较好,你就不必先看书,而应该先做题,遇到问题再回过去看书,这样效率就提高了。"

我告诉孩子:"要是能这样学下来的话,今年暑假开学,肯定考试提高5个名次以上。"

他说:"真的吗?"

我肯定地说:"真的。"

当老师的,要告诉学生怎么做,而且要告诉他只要这样做,就一定能达到什么样的目标。这样,孩子心里就特踏实,不会顾虑,他就相信只要这样做下来,就会提高,就会达到目标。

我跟孩子这样讲,他爸爸在一边目瞪口呆。他说,他从来没跟孩子说过这些,光知道给孩子施加压力。

我看过一本教育孩子的书,叫作《使孩子变笨的高招》,说有10种高招可以把孩子变笨,其中就有过分苛责、处处干涉、限制游戏、拔苗助长等。这位教育家总结得非常到位,可以说是"招招致命"。

而上面说到的这位家长使用的,就是使孩子变笨的典型高招。其实,仔细想一想,我们好多家长都在自觉不自觉地用这些招数来扼杀学生,而学生是经不起这样扼杀的,因为这来自他的生身父母啊!

比学习辅导更重要的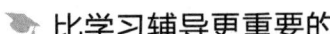

有时候开家长会时,有的父母就跟我说:"王老师,现在孩子上高中了,我就感到无能为力了。以前,孩子上小学的那些东西,我还能看得懂;初中期间,他学的东西我也能看得懂;可是高中那些东西,我就不懂了,也辅导不了孩子,我应该怎么办呢?"

我说:"虽然我是教数学的,但我一般极少给孩子辅导。其实,做家长的,即使你能辅导孩子的功课,但那是你应该干的事吗?如果家长来辅导孩子的功课,那要老师干什么?家长平常都很忙,你们把孩子送到这个班,孩子的学业不好,这是我们老师的责任,我们没有道理把自己的责任推给家长。

"教书是老师的事情,做作业是学生的事情。家长要干什么?家长是孩子的第一任老师,也是孩子心灵的依靠。不要看孩子有时不愿意跟父母交流,但这并不是说他不在乎父母,孩子太在乎父母了,很多孩子不是不需要这种交流。如果交流的大门被关上,我觉得责任不在孩子而在家长。孩子小时候那么讨你喜欢,为什么突然间不跟你说话了?你应该想想啊。

"很多孩子不愿与家长交流,为什么?比如,孩子上次数学考了90分,这次考了80分。其实上次考90分,孩子的成绩排在班里第三十名,而这次考了80分,成绩却排在班里第二十名。但家长有时不懂,不了解这个情况。本来孩子进步了,需要得到家长肯定的时候,你却不管青红皂白,批评孩子一顿。他跟你能没有距离吗?

"当个好家长,其实并不容易。我们许多成年人,带领一个公司的成员,都干得很潇洒,可是自己的孩子却往往带不好。咱们身边这种例子还少吗?"

恕我直言，我觉得许多家长在认识上有一个误区：他们把学习成绩的好坏，简单地归结为聪明不聪明，用功不用功。可是，多年从教经验告诉我：对大多数学生来说，学习成绩差，不是智力因素出了问题，而是非智力因素出了问题，就是在心理上出了问题。

所以，我一直认为，家长帮助孩子调适心理，比敦促他们做作业或辅导他们，要重要得多。帮助孩子调整好心态，是家长的责任。

知道你的孩子需要什么吗

> 有些你以为坏的东西或许会引发你孩子的才能；有些你以为好的东西或许使这些才能窒息。
>
> ——夏多布里昂

"你给我……""你听着……""我希望……"这是家长对于孩子常用的语气。对于孩子，我们做父母的有的只是要求。我们有没有想过，孩子需要的是什么？我们有没有与孩子站在同一角度上，来倾听一下孩子的需求？如果没有，我们又凭什么来教育孩子呢？

🎓 换位思考

有一回在大连举办讲座结束后，有一个家长找到我，说："王老师，今天听了你的报告，我觉得特别难受。"

我当时挺纳闷儿，我的报告怎么让她难受了呢？我就听她讲，这个家长没开口就掏出手绢来擦眼泪，我说："你有什么事儿能不能跟我说一说，需要我帮你吗？"

她说，她的孩子是住校生，在学校学了一周，回到家是星期六的晚上。第二天星期日，孩子还要参加学校一个英语测试，英语测试从上午9点开始，她家离学校并不远。星期日早晨孩子还在睡觉，还不到7点，她就把孩子叫醒了，这个孩子没睡够，起床以后就不乐意。这个家长就说："你看看你，考试成绩那么差，马上就要高考了，你还在那儿睡懒觉，你真不要脸！"

这个学生本来就不乐意，一听她妈这么说，就说了："我在学校从星期一学到星期六，我一天睡几个小时你知道吗？我每天被作业压着，晚上睡得很少，好不容易利用周末的时间来补一补觉，星期天多睡一会儿，有什么罪过？再说上午9点才考试，你为什么骂我不要脸？"

这个孩子说的完全是内心的一种痛苦、一种呼喊了。结果这个当妈的一听她孩子那样说，更恼火了，说："你考不好你还来理了，有本事你下一次把成绩考上来，你怎么睡我都不管！"这个孩子一看她妈这么讲，痛不欲生，恨不得跳楼。她妈一看孩子这样，也不想理孩子，提起包来就走，就来听我的讲座了。听完我的讲座以后，这位母亲顿时就特难受，感觉自己确实太对不起孩子了。

我说："你这个当妈的，这么做不是方法不当，简直是近乎残忍。你想一想，孩子从周一到周五累成那个样子，好不容易利用周末回家多睡一会儿，这是多么难得的机会呀。她睡足了这一觉，这一周她都会轻松的。你看着熟睡的孩子，怎么忍心把她叫醒？再说离考试还有两个小时，你就不能让她多睡一会儿？你把她叫醒不说，还骂她不要脸。你想，她还对你有什么感情？她以后还愿意跟你沟通吗？

"我对我的学生包括我的孩子的要求，星期天只要回家，能睡到几点就睡到几点。孩子之所以能睡着，说明这是生理上的需要。本来，学习之道，一张一弛。如果让孩子周六周日还像周一到周五一样，每天高度紧张，早晨五六点钟就起床，晚上12点睡觉，长期这样，哪个孩子能受得了？从孩子情况出发，利用周末回家补一觉，是绝对必要的。"

我经常跟家长讲：好多孩子有成功的潜能，之所以不成功，往往不是败在学生手里，而是败在家长手里。望子成龙、望女成凤是每一个家长不懈追求的目标。但是好多家长又不注意方法，往往是以望子成龙、成凤的急切心态，摧残孩子的心灵，毁坏孩子的前程。所以，家长与孩子需要换位思考。

我看到有不少家长，很容易就看到孩子身上的缺点，很注意孩子的弱项，总觉得孩子这也不行，那也不行，而且越看越不顺眼，越不顺眼，就越反感，就越强行去扳。结果常常把孩子搞得没有了强项，没有了自信，最后甚至破罐子破摔了。差生是怎么产生的？当一个学生反复遭遇失败的打击时，便会沦为差生。

所以，在这里我很想质疑一种所谓的"木桶理论"。这种"木桶理论"近些年很流行。意思是说，木桶是由多个木板构成的，而木桶中水的存量多少，取决于最短的那块木板。这种理论，对于成人社会来说，在某些方面可能是适用的，但对成长中的孩子们来说，我认为不仅不适用，而且是有害的，这是标准的应试教育思维。

交流，比一言堂更有力量

如何与孩子进行沟通？对父母来说，这是一门不简单的功课。我带班30年有余，我的孩子也已长大成人，对此我深有体会。与孩子谈话是有技巧的，其中一点便是，倾听往往比说教更重要。

有一个外校的高三男生，在班里除了不学习，调皮捣蛋的事却少不了他。最后闹到什么程度？这个班里所有的家长，集体向学校请愿：为了同学们高考不受影响，要求这个男生离开这个班。于是，校长就出面跟这个学生谈话，要求学生签协议，协议的基本内容是，他要再捣乱的话，就得回家。

可是这个学生还是不肯学习，也管不住自己，后来真的被学校赶回家去了，在家一待就是一周。那时候，已经临近高考了，家长着急呀，就托人去找了那个校长说情。校长同意他回到学校，可这个学生在学校待了一天，还是原形毕露。这回没办法了，学校通知学生：以后不准他再回到这个班了。

这个男生又回家了，天天躺在床上，一天睡十几个小时的觉。眼瞅着到了报高考志愿的时候了，家长就问孩子报考的事。这个孩子说："反正我今年也不考，你们要报什么学校就报什么学校，无所谓。"他就是彻底放弃了。

一个孩子到了这个程度，家长又生气又着急又没有办法，后来找到我，希望我能够跟这孩子谈一谈。

那时候，马上快高考了，我确实忙，就没答应。可是那个家长三番五次地找我，我没办法，就说见见吧。我记得那天是晚上11点多的时候，这个男孩进了我的办公室。

我跟他怎么谈？我先问他："为什么学校让你回家？"

这个男孩就开始说了："我是有缺点有毛病有问题。可是，学校老师和校长，动不动就当着全班同学的面训斥我，还动不动把家长叫到学校来，这让我特别反感，特别抵触，所以我就要跟学校对着干。"

整个谈话期间，我基本上是听他说，听他把心中的不满全说出来。他说的某个地方有道理，我还直点头，说"你讲得对"。某些地方，他说得不对,我并不正面教训他,而是从侧面问他,示意他说得没道理。我的态度鼓励了他,他更加滔滔不绝,把一肚子苦水都吐出来了,吐出来他就轻松了。

其实,在大人眼里很天真的问题,在孩子心中可能是很复杂的。他把这些想法跟你说完了就完了。我们大人如果能听进去,再同情他一点,他就觉得你是他的知己了。

他讲完了,我才跟他讲。我说:"高考不就是一次考试吗?你也不要有什么顾虑,行百里者半九十,就是说前面的九十里路,只是整个行程的一半,后面的十里路,才是最关键的,你把关键抓住了,即使前面有一些遗憾,你也能够扭转危局;如果你抓不住最后这段关键时期,你前面做得再完美,也会前功尽弃。成功人士,往往是那些能够抓住关键的人,对不对?"

我又说:"你现在去不了学校,你可以在家里合理安排你的时间。只要想学,要学的东西太多了。你就利用好这20来天的时间,学它个昏天黑地,快速把你的各科内容搞清楚、复习好,让那些瞧不起你的人、曾经侮辱过你的人大跌眼镜。这才是一种积极的生活态度。是不是?"

我还和他谈起我的经历。我说:"我也曾经是个差生,知道那种被歧视的感觉,但我最终选择了努力,选择了拼搏,以前在全班成绩倒数,后来变为全班第一。一个真正有骨气的男人在关键时候应该怎么着?就是人争一口气嘛!你不去学了,社会就多了一个窝囊废呗。来到人世间不容易,你就这么窝窝囊囊走一遭?人家说你不行了,你就不行了?如果你觉得你还行,在大家都觉得你不行的时候,你能不能学出个样子来让他们看一看?只要你从现在起,肯投入学习的话,我答应再给你辅导一次数学,我只给你讲两个小时,你的高考数学成绩提高20分没问题。"

那个男孩越听越兴奋,情绪马上就有变化了。

我和他谈话的时候,他父母就在外面等着。孩子出来了,和父母一起回家。他家住在9楼,平常都坐电梯上去,可是,那晚这个男孩不坐电梯了,他对父母说:"从今天晚上开始,我得锻炼。我躺了这十几天,已经躺散架了,我得跑上去。从明天开始,我就要进入临战状态。"

后来,我听他母亲说,这个男孩就跟变了一个人一样,学习进入了一种奋斗的状态。他报考的是北京工业大学。高考时,他总分考了590多分,在班里排在前十名,超过北京工业大学的分数线,最后被录取到该校计算机专业去了。

人,内心深处的最大渴望是被人理解。人人都渴望被尊重,渴望自身的价值得到别人的承认。

那次,我与男生的谈话时间总共有两个小时。其中,他讲了100分钟,我只讲了20分钟,他就发生了改变。是我讲得好吗?我觉得,我讲的道理并不深奥。而关键是,他觉得我能听进去他的话,能理解他,而他也找到了自尊,找到了知己。所以,他能听进去我的话,能产生父母讲话意想不到的效果。

许多时候,对于孩子的诉说,我们成人往往很不理解,很不爱听,很不耐烦。而我们想和孩子谈话的时候,经常是上来就这样:"孩子,今天咱们谈一谈。"那还怎么谈?那是谈判。实际上,无论是成年人还是孩子,你命令他,你控制他,都只会令他们反感、抵触、叛逆。

很多人都认为应当尊重孩子,应当与孩子交流。但事实上,很少人能够与孩子真正地交流。因为他们不能把孩子放在与自己平等的地位上。父母们总是用教训的、哄人的口吻来和孩子说话,这样能与孩子平等交谈吗?这样的方式,不能让孩子完全信任父母,也不可能让孩子说出自己的真心话。

 倾听孩子的心声

有一次,我在呼和浩特给家长做讲座。讲座结束后,一些家长领着孩子来向我咨询和讨论教育孩子的方法。一般来说,当着众人的面,家长提的问题都比较照顾到孩子的自尊。可是,这次有位父亲,就当着自己孩子和众人的面,说自己孩子多么多么差,甚至还说孩子小偷小摸。

听他说到一半,我就开口说:"请你打住吧!"

有句老话说"人前教子,人后教妻",但我不这样认为。我觉得,不管在什么场合,尤其是当着众人的面,就更应该给孩子留一点儿尊严。当着那么多家长,那么多学生,那个家长竟然把他的孩子说得一无是处,满身缺点。

我说:"你知道你孩子的缺点,你能不能说出孩子的优点?"

他想了半天,才说:"孩子挺聪明的,可就是不爱学习。"

我说:"我想我们最好也来听听孩子对你的看法。"

那孩子已是五年级学生了,他就朝他父亲说开了:"第一,你好喝酒。喝完酒以后经常回家发酒疯,有时候把我吓得心惊胆战,我都不敢在家里学习,但又没有地方去,我坐在房间里面老是有一种恐惧感。你还经常打我,而且打我的理由不分青红皂白,就是因为你喝多了酒,就拿我耍酒疯。你还逼着我随着你的思路来,但我是有主见的,我不随着你的思路来,你就看我不顺眼,就揍我。第二,你还说谎。有一年你答应我考到哪个名次,就给我买个好礼物,结果我达到这个名次了,你却不兑现。你跟我的关系,就是猫和老鼠的关系,你是猫,我

是老鼠，你从来不听我的意见。好多事情，我在家里想要和你沟通，可你总是劈头盖脸地怎么怎么着，根本没有给我说话的权利，所以后来我就不听你的了。你说话我是坐在旁边听，但是我内心是一直抵抗的，我就跟你没有共同语言。"

我说："好了，你当家长的，觉得孩子说的是不是事实？"

那位父亲低下头，说："我孩子说的是事实。"

我说："我们大人不也是有许多缺点吗？孩子更不可能没有缺点，有缺点是再正常不过的事情，所以他们才需要教育，才需要成长。而我们是成人，我们要先从自身做起，给孩子一个榜样，对不对？"

这位父亲就开始跟孩子道歉，说："孩子我确实对不起你，你说的我原先都不知道，原来我对你造成这么多的伤害。好，我保证，第一，咱们今后是朋友；第二，我今后不喝酒了；第三，我今后保准不再打你；第四，我今后对你的承诺一定要兑现。"

家长很诚恳地跟孩子赔礼道歉，那个孩子也很感动，说："爸爸，其实你优点挺多的，你也挺不容易的，你工作很累，很能吃苦，咱家之所以能够有今天，与你的吃苦是分不开的。"孩子还说了爸爸的很多优点。

那天，父子之间得以沟通，孩子的自尊心也得以抚慰。

现在的问题往往是，孩子的苦水往往无处倾诉。孩子本来与别的同学接触就有限，而同学大都是独生子女，很容易有一种以自我为中心的倾向，也不大会劝导别的同学。所以，孩子可以吐苦水的知心人，其实就是父母。如果你的孩子没有跟你吐过苦水，你做家长就有问题，你不要说孩子不跟你说话，他为什么不跟你说话？你多想想原因在什么地方，你就知道了。所以家长应该多倾听，让孩子敢跟你谈。什么时候他能把自己的一肚子苦水都向你倾诉了，就行了，没问题了，这个孩子是一个很阳光的孩子。

我们整天看到的是，家长对学生的要求，老师对学生的要求，学校对学生的要求，校长对学生的要求。但是，现在有谁来听一听，我们的学生有什么要求呢？

德国教育学家卡尔·威特说："我认为倾听是一种非常好的教育方式。因为倾听对孩子来说，是在表示尊敬，表达关心，也促使孩子去认识自己的能力。如果孩子感到他能自由地对任何事情提出自己的意见，而他的认识又没有受到轻视和奚落，他就变得毫不迟疑、无所顾忌地发表自己的意见，先是在家里，然后是学校，将来就可以在工作中，自信勇敢地正视和处理问题。"

行动消解隔阂

> 如果我们真想知道自己的心境,就应先看看自己的行动。
>
> ——托·威尔逊

清华园中有一块日晷(古代的一种计时器具,是古代的时钟),日晷的背面写着"行胜于言"。话虽简单,内涵却是深刻的。

🎓 给你的孩子写封信

我在沂水一中带的班里有个学生,人很聪明,很讲义气,可是很散漫。我那时候年轻,为这个学生也生了不少气。但是,后来我发现光生气不解决问题,就开始了解这个学生为什么走到了这一步。

经了解,我知道原来是他的家庭教育出了问题,他父母对他的教育功能已经基本丧失了。他父亲是个体户,整天忙于生意,对孩子缺乏耐心,和孩子真是话不投机半句多,以致父子关系越来越紧张。紧张到什么程度?有一次,他父亲骂完孩子后,觉得自己有点儿过分,

第四章 孩子与家长：如何应对叛逆青春期的紧张关系

就到学校给孩子送鸡蛋。大冷天，他一清早骑着自行车，把煮熟了的鸡蛋送到学校，可是父子俩又是话不投机，吵起来了，这个儿子就把鸡蛋摔在了他爸爸脸上。

他父亲说："我怎么养了这么个混账儿子？你这样对老子是吧？我不管你了，不管你吃穿，不管你学费，你爱干什么干什么！"

这孩子可倒好，对他父亲说："那好啊，我也不用上学了。"

住宿的学生星期六都回家了，星期一又都返校了。可是那个学生没来，我就打电话给他爸爸，问："你孩子怎么没来上课？"

他爸就跟我讲了他们父子之间的那些事，然后叹气说："我对儿子确实没办法了。"

我说："你们爷儿俩是不是谈一谈呀？"

他爸说："没法谈，一谈就崩。"

我问："你希望你孩子好吗？"

他说："我当然希望孩子好了。"

我说："既然你们之间不能谈话，那你能不能给你孩子写一封信？"

他没反应过来："写啥？"

我说："你是不是有很多话想对你孩子说？"

他沉默了一会儿，说："是啊。"

我建议他："你的话，如果当着孩子面一说就崩，为什么你不把它写成信件的形式呢？只要你用真情来写，不要虚礼冒套的，他就会认真听的。"

他想了想，说："我试试。"

结果，他就真的给孩子写了一封信，写完交给了我。

我一看，那封信共写了8页纸，信中大意是说：作为父亲，他觉得对不起孩子，也觉得自己很委屈，而又很希望孩子好。那是带着一种非常复杂的心情写的，是一个大老爷们儿流着眼泪写的，真的挺感人的。那天，我把那个男孩叫到了我的办公室。

我说："我这儿收到了一封信，是一个爸爸写给儿子的信，你能不能看一下？"

在办公室里，他一口气读完了那封信。读完后，他说："老师，我今天晚上能不能请假回家？"

我说："这么晚了，你打个电话不行吗？"

他说："我一定要回去。"

我说："好吧，我陪你回去。"

我们两个就骑着自行车往他家走。送他到了大门口，我就回去了。

第二天，他爸爸跟我说，儿子回家以后，一头跪在他爸爸的前面，表示忏悔，说："爸爸，我对不起你，我自己所做的那些事伤害了你。以后你看我的行动。"

自从那次跟他爸爸沟通了以后，这个男孩就像变了一个人一样，通情达理了，也规矩了，学习成绩也上来了，当年就考上了本科。

这就是一封信的力量。

如果你和孩子产生了矛盾，不要坐在那里唉声叹气或是怒气冲天，不要等着孩子来向你主动示好，向你赔礼道歉。矛盾不是一个人引起的，放下你的架子，用你的实际行动，向孩子说"对不起"，让你的孩子知道，在你的心里，你有多么爱他！

行胜于言

有一年春天，一位朋友来看我。这位朋友跟我同岁，他孩子跟我孩子也是同岁。说起孩子来，他就直摇头，对孩子的表现很失望。

第四章
孩子与家长：如何应对叛逆青春期的紧张关系

我问："怎么了？"

他说："第一，他不爱学习，成绩上不来；第二，我想跟他谈，他还不跟我谈，不理这个茬儿，他对我那一套说法根本不以为然。我想教育他，他不听，自己又不学，你说这个孩子怎么办？"

我就问他："你每天有多长时间和孩子待在一起？"

他说："不瞒你说，有时候我一周都见不到孩子。"

我说："你干什么去了？"

他说："开会呀、出差呀、会客呀，都是这些事。"

我说："你一周见不到孩子一面，天天在外面喝得酒气熏天，回家的时候看着孩子学习成绩不好，心里就烦。烦了以后，你说孩子的那种口气，会是什么口气？是不是训斥的口气？"

他承认说："对。"

我说："你天天这样训斥孩子，还想让你孩子和颜悦色听你讲，你孩子有毛病呀？"

他低下头，说："兄弟，你说怎么办？"

我知道这位仁兄当年是中国人民大学的高才生，我就说："为了你的孩子，你能不能做出一点儿牺牲来？"

他说："做什么牺牲？"

我问："你孩子哪科不行？"

他说："孩子最差的就是物理，找过物理老师给他辅导。"

我说："你当年物理学得怎么样？"

他说："学得挺好，但是快20年了，早就忘光了。"

我说："你不是号称人民大学的高才生吗？大学期间如果物理学得挺好，怎么会忘光了？复习复习就行了。你能不能感动一把孩子？怎么感动呢？你就把这个物理重新捡起来，复习一遍，然后给孩子讲一次，感动他一次试试，这样可能就会打破这个僵局。"

他问："行吗？"

我说："你试试。"

他就在我那儿借了一套高中的物理书，回去以后，整整备了半个月的课。这半个月怎么过来的呢？他把自己关在办公室里面，上班的时候跟秘书说，一般的事情，让部下自己处理，别去找他，然后把电话线一拔，就开始研究那套物理书。

这半个月他没出差，不会客，也不开会了，就关在办公室里备课，晚上回家也备课。半个月后，他跟孩子和颜悦色地说："你物理有问题吗？"

孩子爱答不理地说："有啊，怎么啦？"

父亲说："老爸在大学物理学得不错，看看能不能给你一点儿帮助。"

孩子不屑地说："你的物理都扔这么多年了，还能给我讲？"

父亲说："我试试看。"

孩子看父亲是前所未有的诚恳，只好给他个面子。父亲就给孩子讲了40分钟的物理。

听完后孩子大吃一惊："老爸，你这个水平比我们物理老师高多了。"

父亲说："孩子，你知道为了备这40分钟的课，我这半个月是怎么过来的吗？"他父亲把备课的过程一说，孩子特感动，就说："老爸，今后能不能每周都给我讲一次物理课？"

父亲说："没问题。"

为了这个承诺，这位父亲每天下班后，就关起门来研究物理。每周给儿子讲一次，连续坚持了一个多月，他孩子的物理成绩真有了突飞猛进的提高，而且别的学科也提高了，后来在班里考到了第三名，而他原来是第二十多名。

朋友高兴了，跟我说："老王，你出那个主意太管用了。"

我说："那是因为你用行动感动了他。"

人可能骗得了别人，但骗不了自己的孩子。教育孩子，不是一句口号，靠的是看得见的行动。

恋爱：中学生该如何面对

> 你说你青春无悔包括对我的爱恋，你说岁月会改变相许终生的誓言。
>
> ——高晓松

现在中学生谈恋爱的趋势是普遍化、低龄化、公开化。关于中学生谈恋爱，有权威调查说，已达到 1/3 左右。野火烧不尽，春风吹又生，我们大人总有一天都会明白，挡是挡不住的。怎么办？

"请别把我们看成坏人"

我接手人大附中高中 12 班后不久，就发现班上有谈恋爱的，公开的就有三四对。而且，带头谈恋爱的，还有一些班干部。

开学不久，班上组织了第一次活动——云蒙山之游。活动一开始，大家都很开心。那个白天大家玩得特别高兴，爬山、野炊、烧烤等，当然，晚上还有更开心的活动，就是篝火晚会。篝火晚会即将开始的时候，主持人任远同学就说了："王老师为了我们这个班，付出很大心

第四章 孩子与家长：如何应对叛逆青春期的紧张关系

血，今天给我们提供这样一个机会，让我们全班同学向老师表示感谢！我们唱一首歌叫《为了谁》。"夜空中，掌声热烈，歌声朗朗，看得出同学们发自内心。

歌声之后，主持人又说了："下面让我们以热烈的掌声欢送王老师和家长们退席！"同学们的掌声更热烈，也更发自内心。

我和家长们（为了保证活动安全，我邀请了几位家长）都很吃惊。搞篝火晚会，人家不愿让我们参加，欢送王老师和家长们回房间休息。哇，听学生那个掌声，我们不走还不行。后来还是把我们支走了。有的家长气鼓鼓地说："还有这样的孩子，这么不懂事！"

然后，这些学生就开始闹，我们也睡不着，就远远地看着他们闹。这时候，只听"当当当当"响起了《结婚进行曲》，大家就开始欢迎几对儿新人，那几对儿新人还正儿八经地手拉着手出来。当时就有三对。我事后知道这三对儿男女生是真恋人，不是演戏。

本来好好的活动，最后演变成一场"集体婚礼"，当时家长们非常生气，孩子们闹这些事儿，好几个家长都看不下去了，结果有一个家长一定要冲出去制止他们。我说："不行，不行。"拦住了那位家长。

"请别把我们看成坏人。"这是中学生恋爱时常说的一句话。中学生产生恋情是正常的。一个人身心发育到一定程度以后，自然对异性产生一种好感，产生恋情，这是身心健康的一种表现和标志，也是未来择偶的预演和准备。这么大的人了，对异性没有好感，那就不正常了。这个时候，我觉得首先要肯定，然后才是引导。

我当班主任的时候，班里女孩收到情书，有时会给我看，因为她们怕伤男孩子的自尊心，不知道该怎么办。她们又不敢和父母说，因为有好些父母，要不就是漠不关心，要不就是反应过度、兴师动众的，弄得好多女孩都不信任家长。而我虽然是个男老师，可我总是能心平气静的，女孩也相信我，让我给她们想办法。我甚至帮女生给写情书的男生写回信，帮他们很委婉地把这件事给淡化了。

学生恋爱是成长中的问题。我一直认为，作为老师和家长，一定不要把这件事情看成不好的事情，甚至是丑恶的事情。学生初涉男女之情的时候，他们是怀着一种美好的憧憬的，如果我们把这事说得一无是处，这会伤害他们的美好感情，甚至给他们一生的感情生活带来阴影。所以对待这件事，我反对草率，更反对粗暴。

恋爱是把双刃剑

对中学生来说，恋爱是把双刃剑。我不否认，对一些学生来说，爱情可能是动力，可能使人更优秀；而对另一些学生来说，可能对学业具有很大杀伤力。中学生谈恋爱，我看过一项调查是这样说的，有1/3的学生认为，只要掌握分寸，又不影响学习，还是可取的。可是多数情况是，谈恋爱会分心，会影响学习成绩。这是事实。

所以，如何处理中学生谈恋爱这件事，我一般都慎之又慎，三思而后行。

我带过的班里，有一对男女生，两人好得不得了，真是地球因你而旋转，彼此都是这么一种感觉，很有从一而终的意思。两边的家长也来找我，要我做工作。说句实话，一般来说，对这种事我不愿轻易去问，更不愿轻易去管。可是在两种情况下，我也会跟学生谈：一是学生陷入了恋爱，而又明显影响到了学习成绩；二是学生家长来找老师。谈也是两条原则：一是私下里的，二是心平气和的。

因此，我就对那对男女生说："世间万物，宁静是一种伟大的力量。只有心静下来，才能接收知识。什么叫宁静以致远？宁静的湖面就是

第四章
孩子与家长：如何应对叛逆青春期的紧张关系

掉下一片树叶，也能荡起无限的波纹。如果在波浪翻滚的湖面上，就是扔进一块大石头，也溅不起多少浪花。男女学生初涉爱河，一般来说，没有人给他们提供这方面的经验、技巧或教训。往往是兴奋、紧张及焦虑混在一起，感情不稳定，心理冲突总是免不了的。他们可能会遭遇拒绝，遭遇嘲笑，还可能遭遇变心，从而使恋爱的过程变得充满痛苦和曲折，就像波浪汹涌的湖面，接受外界知识的能力，常常处于迟钝状态，什么东西也溅不起浪花，而且过去学过的东西也全乱了，是不是？"

我接着说："菊花在秋天里开放，是不是很鲜艳，很好看？但是要开在冬天呢？还能开放吗？这就是说，一朵花的开放，得在适合它的季节里，如果在不合适的季节里，可能还不等开放就凋零了。爱情是美好的，可是好雨知时节，当春乃发生。一个人，不同阶段有不同的主要目标。恋爱婚姻，生儿育女，是人生必然经历的大事。但是，是不是要等到一个恰当时机，再来考虑这个问题？"

我还说："人生的几件大事，一个是升学问题，还有成家立业问题，生儿育女问题，几件大事都要解决。而解决要有一个程序。本来这个时候，你的主要任务是考大学，你非要把恋爱婚姻放到这个时候，那大学无所谓了是吗？如果你把程序弄乱了，错位了，那以后该怎么办呢？"

我又说："人和一般动物不同，就是因为人的理智能控制得了情绪。那些理智控制不了感情的人，往往是没有出息的人。一个有出息的人，一个成熟的人，应该能让理智控制住感情，这样的人才能够有所作为，才能把握住幸福的机会。"

我说这些话的意思，是让他们把握住自己的尺度和分寸。对于这番苦口婆心而老生常谈的说教，这对男女生，出于对我这个班主任老师的尊重，频频点头。可是过后，据我所知，他们还是难舍难分的。没招了，我就跟他们父母说："咱们也把道理讲给他们听了，他们接受到什么程度，那是他们的事了。"

可是，过了一段时间，这两位男女生忽然就中止了关系，也不知道为什么。感情有时候很难说，也不知道那种彼此需要的感觉什么时候会消失，尤其是中学生，感情不成熟，更容易产生变化。

中学生有了恋爱的心理是正常的。可是，因为谈恋爱耽误了学习，放弃了良好的教育机会，这是不现实也是不可取的。话说回来，一个没有受到良好教育的人能被对方接受多久？这份感情能持续多久呢？

相爱容易相处难

在青岛二中期间，我担任一个高中班的数学课。这个班有两个学生是一对儿，应该说他们还是挺般配的，两个人学习都挺好，成绩在班里都是前十名。他俩的关系在高二期间就公开了，大家都知道他俩在谈恋爱，都习以为常了。

可是后来同学发现，那个女孩经常以泪洗面，劝也劝不好。我是高三才教这个班数学的，也不是他们的班主任，对他们之间的事情也不太了解。后来他们班班长找到了我，说："他们这样发展下去，简直是相互伤害，最后肯定什么大学都考不上了。王老师，您能不能出面跟他们谈谈？"

我说好吧。我先把那个男孩找来。那天已经到放学时间了，我怕他回家太晚，就和他一人骑一辆自行车，一边走一边聊。

那个男生因为喜欢我的课，也愿意跟我谈。他就跟我说起了他俩相处的事。他说起他们当初因为座位临近，是怎么认识的，怎么恋爱的，

第四章
孩子与家长：如何应对叛逆青春期的紧张关系

眼神怎么激动人心，感觉怎么美好。然后又开始讲他们相爱后遇到的矛盾。

原来他们的矛盾出在个性上。这男生比女生脑子灵活，而女生比男生学得踏实。两人经常坐在一起讨论问题，这个女孩哪道题不会，就问男孩，男孩就给她讲，这个女孩一时没听明白，男孩就说你怎么这么笨呢？这么不开窍呢？就有点儿不耐烦。女孩一听，说我不听了还不行？这个女孩一不听了，这个男孩情绪就更激动了，说你不会，你还不听，你这个人怎么这样？而女孩就越发不听了，结果两个人就是因为这些事，感情时好时坏。

有一次班级集体合影，男孩觉得这个女孩穿的衣服不好看，就要求女孩换一件。女孩不换，男孩就不愿意。女孩火了，说我还没嫁给你呢，你现在就限制我穿衣服的自由了！两个人就吵起来了。就这些鸡毛蒜皮的事儿，经常把这个女孩弄得不痛快，男孩也不痛快。

男孩说他现在很苦恼，问我："老师，你说我现在该怎么办？"

我说："你俩有这么浪漫、这么美好的一段感情，千万不要因为高考给断送了。可是，高考也很重要。你们要再这样下去，在山东这种残酷的高考环境下，你们可能两败俱伤。你看这样行不行，高考之前，你就当没有这个关系，让你们的关系冷却下来，这对双方都是有好处的。你能不能从现在开始重点关注自己的学习，把她当成一般同学对待？平时别去找她，别跟她聊天，也别总去看她，你能不能做到这一点？"

他说："老师，我能做到这一点，但是我怕她受不了。"

我说："她的事儿我来做工作，行不行？"

他说："好。"

后来，我又把那个女孩找来，跟她聊。这个女孩就跟我说，她觉得这个男孩脾气太大，毛病太多，就把这个男孩说得一无是处，但又解脱不了自己。

我就把那个男孩对她的好印象说给她听，使女孩重新回忆他们之间的美好感情，使她对男孩的一些不满情绪化解了。因为我担心一个女孩带着一种怨恨去度过高考前的那段日子，是十分危险的。我先化解了她的怨恨情绪，然后问她："你现在是不是也很苦恼？"

她说："老师，你要是再不跟我谈，我就崩溃了，我确实有点儿不想活了。"

我说："现在呢？"

她说："现在轻松多了。"

我说："轻松之后你想干什么？"

女孩说："我想学习呀。"

我说："你还想那个谈恋爱的事吗？"

女孩说："不想了，再也不想了。"

我说："好，今后你别搭理他行不行？我也让他不搭理你，然后我把你们两个人的座位调开，行吗？"

她说："行。"

后来，在高考前的一段时间，他俩真的是谁也不和谁来往，连看都不看对方一眼，就像陌生人一样。最后，两个人高考考得都不错。

拒绝，有时是一种爱护

学生就是学生，他们是专注学业还是心猿意马，当老师的还是能察觉到的。

第四章
孩子与家长：如何应对叛逆青春期的紧张关系

我班里有一个女生，有一段时间学习状态不太好。有一天，她主动来到我的办公室。

我就问："来干什么？是不是又失恋了？"

我这个人经常爱跟同学们开玩笑。她一进来，我就跟她开玩笑。那个女孩很惊讶："老师，你怎么知道的？"

我说："我是老师，也是从你们那么大过来的呀。"

那女生说："哇，老师你太厉害了！"

我说："你讲吧，跟谁谈恋爱了？"

这个女孩就跟我说："我喜欢上了咱们班的一个男孩，可他不理我，说他有女朋友，但我知道他没有，可他老是说有，老师你说我该怎么办？"

我说："那个男孩的确很优秀，你也挺有眼光的。"我就举了这个男孩身上的一些优点。那女孩听了很激动，觉得我挺理解她的。

我接着说："这个男孩更优秀的是，他知道爱护自己，也知道爱护你。据我所知，他确实没有女朋友，但是他怕伤了你的心，就说自己有女朋友，他这不是间接地拒绝你吗？"

女孩问："为什么？"

我说："这个男孩多会处理事啊，人家知道现在学习最重要，好好学都不一定能学好，万一再掺和上这件事，你俩还有救？学业不好，还有什么前途可言？人家是对自己负责，对你负责。单从这点来讲，他比你成熟多了。你想和人家谈恋爱，这个男孩如果真的不负责任，你们两人热火朝天的，学业上再来个两败俱伤，你觉得这个男孩对得起你吗？"

她说："我得想想，好像是这么回事。"

我说："恋爱的感觉是美好的，最好别捅破。今天好好努力，等到高中毕业后，你们都上好大学了，我给你俩撮合一下行不行？"

那女孩说："真的吗，老师？"

我说："真的，没有问题，我看你俩也挺般配的。"

那女孩高兴起来，说："老师，你真好！"

中学生谈恋爱这个问题，是孩子成长中的问题。他们有这么好的愿望，这么美好而纯真的感觉，如果家长和老师能够适当地去处理这个问题，那么给他们的一生都会留下一个美好的印象；如果处理不好，也会给学生的一生的感情生活带来缺失，甚至是阴影。

关于中学生谈恋爱，从原则上说，我觉得，疏导才是可行的办法、唯一的办法，也是最好的办法。而中学生们谈恋爱，一个人一个样，所以疏导方式，也要根据学生的具体情况而定。

恋爱是成长中的课题

我们都是从中学生过来的，但每个年代的中学生，都有自己的生活特征。以我来说，我和大多数同龄人一样，在中学时没有谈过恋爱。20 世纪 70 年代，社会环境和个人感情都比较压抑。我也是从工作后才开始谈恋爱的。我到县一中的时候，教六个班的代数课，其中一个班里有位学生，从学校回去后，就经常跟她姐姐说我教学上的事，那个学生也许是无意中说的，可姐姐听弟弟说多了，就动心了，这就无意中给我们的爱情生活打下了基础。他姐姐在一个初中教学，这所学校的校长跟我是一个村的。有一天，这位校长就把那个学生的姐姐介绍给我认识，我们就恋爱了。我所在的县一中校领导得知我们是一对，就把她调到县一中。后来我们就结婚了。那时候，我们同龄人的爱情生活挺简单的，年龄也大一些，相对也成熟一些。

第四章
孩子与家长：如何应对叛逆青春期的紧张关系

如今呢，有的中学生到学校旁边的小吃店，要是店主问吃什么，那男生就会大方地说："等我老婆来了再说。"俨然小夫妻身份了。

现在中学生们的普遍看法是，遇到一个你喜欢又喜欢你的人，干吗不谈？

央视电影频道放过一部电影《青梅竹马》，里面有段对话：

女孩问男孩："你会爱我一辈子吗？"

男孩说："当然，我都爱你一个星期了。"

站在旁观者的角度看，中学生的恋情是单纯的。有时候是只求今日拥有，不求天长地久。所以，要我看，我们成人也不必把中学生谈恋爱看成洪水猛兽。中学生谈恋爱，你态度越强硬，他们反而越来劲。哪里有压迫，哪里就有反抗。顺其自然，等他们折腾够了，你不用说，有些男女生不知道怎么就散伙了。

有一次，有个男生跟我说："我喜欢过一个女生，有一个月，我特别想她，真是狂想。可是有一天，突然忘记想了，后来就不想了。"

解铃还须系铃人。恋爱不恋爱，本是个人权利。既然恋爱是成长中的问题，学生个人如果能自己面对这件事，自己处理好这件事，就是最好的。恋爱是成长中必经的问题，而成长最终要靠学生自己，我们成人能够提供的，就是建议、帮助和开导。所以，很多时候，如果让他们自己面对，自己处理，反而会更好些。

我们大人是多么希望孩子在感情生活中能够健康成长，想象一下这样一种情景：某日，父亲见上高中的儿子整天埋头苦读，却不去约会女友，就着急地说："儿子，怎么还不快去找女友？"儿子却头也不抬地这样回答："老爸你有神经病啊？"

给家长的三个建议

对于中学生谈恋爱，我有时也感到很无奈，也真的总结不出什么高招。

我班里的好几对儿，我说我的，他们表面点头称是，其实呢，他们在继续进行地下斗争。可以说，这是个简单的问题，却没有一个简单的解决办法。

不过我还是有以下几个建议可供参考：

1. 尊重情感。

有一个女生，和同班一个男生走得很近。老师把这个情况与女生的母亲说了。女孩知道了老师找过母亲，心里就忐忑不安起来。当天晚上，母亲是这样跟女儿谈的。母亲说："老师跟我说，她听说你与一个男生走得比较近，可是老师不能确定，我也不太相信。"

女孩顺着母亲的话就说了："就是那些同学多心，我学业这么忙，哪会有那个心思？"

母亲说："那就好，早点儿休息吧。"

女孩躺在床上，回想母亲的话，回想自己慌乱的样子，她心里明白，母亲知道一切，只是没有挑明，母亲不赞成自己谈恋爱，但尊重并理解女儿。所以，她对母亲充满感激，也懂得了怎样去把握这份感情。

恋爱与学业往往会产生冲突，所以，大人们总是希望恋爱不要发生在自己的儿女身上。可是恋爱的发生，又往往是自然的、正常的、不可避免的，所以，重要的是，我们该如何面对。

学校曾组织老师到美国中学做教育交流，我们也会问起美国中学生恋爱的状况。美国中学生谈恋爱也比较普遍，家长和老师的基本态度就是引导，很少有人去硬性阻止。因为他们认为，感情也需要一个

第四章
孩子与家长：如何应对叛逆青春期的紧张关系

成长过程，他们比较在意孩子们自己的感情。

中国学生与美国学生面临的教育环境不同，相对来说，美国中学生学业比较宽松；而在中国，由于教育资源紧缺，中学生学业压力大，所以，家长和老师们一般都不赞成中学生谈恋爱，这也是需要学生理解的。

2. 开诚布公。

有一个男生，高二时谈了个女朋友，他父亲知道后，就在想怎么处理这件事。他想到，如果一味反对，孩子肯定会有逆反心理，弄不好就会跟家长对着干，所以他就决定用另一种方式来处理这个问题。

有一天，这位父亲看儿子情绪不错，就问："这么高兴，有女朋友了吧？"见儿子没有否认，父亲接着说："女朋友怎么样呀？哪天带家里来，我看看你的眼力如何？"

儿子见父亲对这件事还挺开明，有一天就把那个女同学带来了。父亲就对他俩说："你们谈朋友，我不反对，不过我有两个要求：一是向对方负责任，二是不能荒废学业。你们能答应吗？"儿子和女友很理解父亲的心情，所以，两人相处的时候，就会注意分寸。

我觉得这类事，家长可以与孩子开诚布公地谈。如果孩子能把这些事跟你说了，一般就没有大问题。如果家长好像警察一样，这儿管着那儿看着，而孩子根本不跟你聊，这就不大妙了。好多孩子回家前，先是把手机藏起来，把短信删掉，不敢让家长看，这里面就很可能有事儿了。

3. 给孩子一个温馨的家。

中学生产生恋情，有各种情况，也有各种原因。其中一个重要原因是自己心里苦闷。有些学生学得不好，考得不好，本身就比较苦闷。这个时候呢，如果家长不能给予及时的安慰，老师不能给予及时的引导，他们就会越来越苦闷，就越需要有一个人来安慰。可是，他们从家长那里得不到安慰，从老师那里得不到引导，从朋友那里得不到帮助。于是，这个时候，旁边要是有一个异性同学来开导两句，鼓励两句，那么，这个学生顿时就感觉到一种关怀，一种感动。当然，这里面不乏有的同学是真的帮助,也不乏恰恰是喜欢。一个喜欢，一个感激，两人感情迅速接近，一场恋爱往往由此产生，并轰轰烈烈地展开。

比如，我班里一位女生，有一段时间考试成绩很不理想。后来，我就与她进行了一次长谈。在谈话中，这女孩问我："老师你对××印象如何？"她问的这位同学是个男孩，仔细了解才知道，就是因为这位女生考试不好而苦闷的时候，这位男同学给予她很多的鼓励和安慰，使这位女孩大为感激，才对这个男同学产生了不一般的感情。

如果学生做了男女朋友，我们最担心的是什么？我们是不是担心，孩子会在性的方面失控？其实，调查表明，学生谈朋友，多数情况下他们希望从对方得到的东西比单纯的性要多得多，他们希望更多的是得到相互理解、相互尊重和相互帮助。

所以，面对学生恋爱，作为我们老师，首先应该认真考虑：我们有没有给学生应有的关怀，让学生的苦恼得到及时的释放？作为父母，也首先应该认真考虑：我们有没有给孩子创造一个温馨的家庭氛围？如果孩子对这个家的感觉是冷冰冰的，放了学不想回家，有了苦恼不想和父母倾诉。这个时候一旦碰到一个异性伙伴，又能倾听他的诉说，不是自然就越靠越近了吗？

中学生恋爱，在很大程度上不能单纯归咎于学生。一个在宽松家庭环境中长大的学生，一般来讲，这些事相对发生得就少一点，即使发生了，控制得也好一些。而在单亲家庭或不和睦家庭里长大的学生，发生这种事的概率就会多一些。其中的道理就在这里。

第 五 章 ▶

冲刺：如何踢好临门一脚

> 我觉得高考是一件顺其自然的事。说实在的，高考的题目设计得挺好，由易到难，利于每一个学生正常发挥。如今，社会上完全把中考、高考"炒作"起来了，大家都将其看得太重。我认为，一个顽强的孩子，什么问题都可以应对，参加中考、高考，对其成绩应该顺其自然。

中考、高考心态调整五招

我感觉,现在的社会对中考、高考紧张气氛的渲染,实在是有些太过了。说到底,中考也好、高考也好,无非就是一次考试。对我们的学生来说,如果连这样的考试都无法从容面对,还谈什么素质教育?今后又如何面对社会上的大风大浪?

心态决定成绩

调整学生的心态,尤其是中考或高考时候的心态,是有学问的。

有一个男生,数学特棒,参加全国高中数学联赛得过一等奖。他对自己高考数学的定位是获得满分。然而这个定位也造成了他的心理压力,把他弄得过于紧张了。

高考那天,这个男生满心想拿满分。卷子发下后,他就摆出一副拿满分的阵势来做题。结果,考题刚做到一半,他就听到身后的考生开始翻卷子。

这一翻卷惊动了他，他就想："这是咋回事？难道还有人做得比我快？"他也不知道身后的考生是个什么人物。因为按照规定，各考场的同学都来自不同学校，互不认识，他又不能回头看，心里就有点儿乱了。

他好不容易把自己的情绪调整过来，继续做题，可是身后那个考生又翻上卷子了。更可怕的事还在后面，考试结束前半小时，身后那个考生就提前交卷了。这一交卷，把这个男生给吓着了，他觉得自己的数学成绩在北京市已经够厉害了，可今天是怎么回事？于是他就开始怀疑自己不行了，满脑子胡思乱想："是不是我做题慢了？是不是我不适应这些题？"你想，就两个小时的考试时间，这些乱七八糟的东西在脑子里一起作用，他还能考好吗？最后他从考场出来以后，就非常沮丧，对我说："王老师，这回我得不到满分了。"

我问："怎么啦？"

他就把情况说了一遍，我说："那下午我去看看那个考生是个什么人物。"

下午，我一了解，你猜怎么着？原来，他身后那个学生是个体育特长生，人家数学即使考50分也照样能上大学，完全是考着玩的！结果却把我这个学生给弄惨了。

以我的理解，具备应考能力，本身就是学生综合素质的一部分。从教三十余年，我一直与"应试教育"战斗，但我并不把考试与素质教育对立起来。相反，我一向认为，考试是学习的一个重要组成部分。我们的目标是培养高分高能的学生，实现素质教育与升学教育的双赢。

如今，社会上把中考、高考完全"炒作"起来了，大家都将其看得太重。我认为，一个顽强的孩子，什么问题都可以应对，参加中考、高考，对其成绩应该顺其自然。

有一年高考，在我们学校门口停着几辆救护车，并且灯光闪闪，如临大敌。我觉得这简直是故意制造紧张气氛。本来是很平常的事情，你叫救护车来干什么？管事的人说，怕有些学生缺氧。我过去一看，真的有一堆学生躺在那个输氧车上吸氧。

我觉得高考是一件顺其自然的事。说实在的，高考的题目设计得挺好，由易到难，利于每一个学生正常发挥。这些救护车、输氧车可以作为应急之用，但不该停在最显眼的地方。

有一年我在青岛，高考就发生了这样的事：有一些家长怕从考场附近路过的汽车影响到孩子的发挥，便自发地组成人墙挡在马路上，不准车辆通行，结果哪个地方有考场，哪个地方的交通就处于瘫痪状态。家长们的心情可以理解，但仔细想一想，如果我们的孩子连这点儿干扰都经受不住，他的心理该脆弱到什么程度？你搞得大张旗鼓，除了给学生增加心理压力和紧张程度，不会带来任何益处。

我想讲讲历史上两个相反的案例。美国有个名人叫瓦伦达，是一个高空钢索表演者。有一次，他在一个重大活动中进行表演。上场前，他不断提醒自己："这次太重要了，不能失败，绝不能失败。"

然而，他在表演中不幸坠地身亡。他的妻子后来说：瓦伦达以前并不像这次。每次表演前，他总是专心准备，总是想着怎么走钢索，从不关心其他事，也不会为成败担心。而这次他太看重成功了，反而付出了生命的代价。

这件事，后来成为心理学上的经典案例，叫作"瓦伦达心态"。

还有一个相反的例子发生在数学史上。1796年，在德国哥廷根大学，有一个很有数学天赋的19岁学生叫高斯。每天高斯要做出老师布置的三道数学作业。这天，他顺利做完了前面的两道题，可是，第三道题他做得非常吃力。这道题的要求是，只用圆规和一把没有刻度的直尺，画出一个正十七边形。他用尽所学知识而毫无进展。于是，他尝试着用超常规的方法去解开这道数学题。

第二天，他把答案交给了导师。导师看过后，非常惊奇，问道："这是你做出来的吗？"高斯回答："是我用一个通宵做出来的。"导师激动地喊道："你解开了一个有2000多年历史的数学悬案！"原来，多年来，这位导师一直试图解开这道题，而他把这道题误交给了高斯。高斯后来回忆说："如果知道这道题2000年来无人能解，我可能永远也没有信心解开它。"

这就是心态的奇妙力量。

考前心态调整五招

我多年陪同学生参加各种考试，发现中考、高考发挥失常者不少，而超水平发挥者却不多。我也见过许多同学，在某些学科发挥失常后，经过及时调整，最后依然取得了成功。所以，我对考前心态调整也做了悉心观察和研究，总结了一套方法。

在我们2003届12班同学参加高考前夕，我把自己总结的"考前心态调整法"通过电子邮件发给了班里的每一位同学。我觉得这些建议，对参加中考、高考及期末考试的同学，都有一定的参考价值。

1. 没有必要给自己定太高的目标。

瘦死的骆驼比马大，就凭你的水平，即使考得再差，也不会从根本上动摇自己的基本目标。好些时候，本来自己感觉考得不好，但分数却挺高。原因是，如果以你的水平都没考好，那么那些水平比较低的人更不可能考好。当你感觉不好时，如果能这样去想，就是一种良好的心态。

2. 考前，除白天保证6个小时高强度的学习外，其他时间开始放松和休息。

你可以安排如下活动：看电视、听音乐、体育锻炼、与同学谈一些轻松的话题或上网（但不要上网太久，以免引起疲劳）。

3. 如果考试期间感觉没睡好，你就应该想，我没睡好，其他人更睡不好。

面对如此重大的压力，能睡得很好的人几乎是神仙，你又不是神仙，当然应该睡不好。这样一想，就比较容易睡过去了。如果睡着了，你应该感觉自己比别人又多了一点机遇。如果还是睡不着，一定不要着急，你应该这样想：考前的这一阶段，我已进行了充分的休息。即使今晚一点儿也没睡，凭这几天的老本，上考场前再来点提神的东西，比如，进考场之前，喝一杯浓茶或者咖啡，加上考场那种紧张的氛围，也会让自己的困意顿时烟消云散了，剩下的就是一种兴奋。一个小时过去后，喝的茶或者咖啡又开始起作用了，这又能保证两个半小时的考试能够完成，所以一上午的考试，我绝对能高效地顶下来；考完后，中午抓紧睡一觉，下午再来点提神的东西，把眼一瞪，下午的考试又拿下了。

想到这些，你就不会为睡不着而着急了。不着急了，也就睡着了。

4. 想一想考试中可能遇到的情况及应对措施。

开考前，想一想考场上前5分钟是一种什么情况，自己应该如何设计这5分钟才是最合理的。实际上，你现在想的方案，是完全可以在考场上实施的。既然如此，你就应该提前设计好，到时把计划搬出来即可。想一想，如果感觉试卷较难，该如何对付；比预想的简单，又该如何对付。想一想，整场考试的时间，大体上该如何划分，如果时间有剩余，该如何有效利用；如果时间不够用，该如何实施得分策略。

5. 虽然社会上把中考、高考的气氛搞得特别紧张，但当你考完一场后，就会感觉到，这些考试和平常的考试没有什么区别。

高考第一科是语文，而语文考试不容易出现失常，基本上会什么就写什么。你们也知道，一旦过了第一场，高考的一切神秘感就会全部消失，当你以胜利者的姿态完成第一天的考试后，第二天及后来的考试也就可以轻松拿下了。

考试是门技术活

考试是需要技术的,是讲究技能技巧的。我觉得考生需要在以下方面做好技术准备:

1. 充分利用考前 5 分钟。

按照大型考试要求,考前 5 分钟是发卷及考生填写准考证的时间,这 5 分钟不准做题但可以看题。很多考生拿到试卷后,习惯于从第一道题开始看。而我认为,这 5 分钟是用来制定本科考试战略的关键时刻。拿过卷子看到题目后,你得利用这 5 分钟迅速制定出整个考试的战略来。

以数学为例,我一般要求学生拿到数学卷子,不看选择题,不看填空题,而是先看后边的大题。大题的难度分布一般是从易到难,我们为了应付这样的一次考试,提前做了大量的习题,试卷上有些题目可能已经做过了,或者你一目了然,感觉很轻松,我建议先把这样的大题拿下来,这会让你有底气了,心情也好了。如果看最后那个大题压根儿不是自己力所能及的,就把它砍掉,只想着其他几道大题,这样做题时就能够控制做题速度和质量,保证把前边会做的题目踏踏实实做好。

2. 进入考试阶段先审题。

审题一定要仔细,一定要慢。数学题经常在一个字、一个数据里边暗藏着解题的关键,这个字、这个数据没读懂,要么你找不着解题的关键,要么你误读了这个题目。在误读的基础上解题,你可能感觉做得很轻松,但这个题一分不得,所以审题一定要仔细。会做的题目是不耽误时间的,单纯写那些步骤并不占用多少时间,真正耽误时间的是审题的过程。

3. 力争把题目一次做对。

考卷上前面的选择题和后边的大题难易差距很大,但是分值的含金量是一样的,有些学生以为前边的题目的分数不值钱,后边大题的分数才值钱。这就可能出现快速地把会做的题目做错,争取时间去做不会做的题目。所以学生在考试时,一定要培养自己一次就把题目做对的习惯,不要指望腾出时间来检查。

4. 做题由易到难。

一般大型考试都有一个铺垫,就是前边的题目往往入手比较简单,越往后越难,这样的设置有利于学生的正常发挥。有些学生自以为水平很高,对简单题目不屑一顾,索性从最后一道题开始做,这种做法风险太大。因为最后一道题一般来讲难度很大,一旦在这个地方卡壳,不仅耽误了时间,而且会严重影响心情,甚至影响整场考试的发挥。

当然由易到难并不是说从第一道题一直做到最后一道,以数学高考题为例,一般考题有三个小高峰:第一个小高峰出现在选择题的最后一题,它的难度属于难题的层次;第二个小高峰是填空题的最后一题,也是比较难的;第三个小高峰出现在大题的最后一题。我说由易到难,是说要把握住这三个小高峰。

当遇到连续几个没有思路的题目时,要防止慌场。先把最简单的题目做出来,待心态平和、头脑冷静了,再回过头来看卡壳的题目,也可能就找到思路了。最重要的一点是,你应该这样想:同样的老师、同样的教材,这个题目既然我不会,其他同学也不会轻松的,大家是公平竞争。这样一想,你不就不慌了吗?

5. 控制速度。

对于某个题型花费多长时间我觉得不能一概而论,应该说平常用什么样的速度做题,考试的时候就用什么样的速度,不要人为地告诫自己考试时要加快速度。不要担心做慢了做不完,把握住一点:一个学生的正常考试,如果始终在自己会做的题目上全神贯注的话,这场考试一定是正常发挥的,甚至是超水平发挥的。

6. 根据学科的特点抓住得分点。

考数学时,有人考完以后说某道大题能得满分,结果却并非如此。学生还觉得挺委屈的:这道题明明会做,怎么被扣分了呢?其实是解题过程出问题了,数学解题的步骤是有分数的,而且这个分数还有比较明确的界定。学生在考试的时候,一定注意这些学科评分的得分点。

7. 简单题得满分,中档题多得分,难题能得分。

大型考试最后的那个难题可用四个字概括——防不胜防。这不是正常人做的题目,正常人也别指望在这个题上能够有多大的收获。有时候放弃也是一种智慧,也是一种勇气。

8. 考完以后千万别急着离开考场。

一定要检查一下试卷集中了没有,一卷、二卷、答题卡是否都交齐了,最好能对照试卷的标示页数来检查,等着确认该交的卷子都被老师收走了以后再离开。

第五章
冲刺：如何踢好临门一脚

家长不妨做左手

高考前一个月，考生进入备考关键期，父母也跟着越来越紧张，他们急切想知道这段时间孩子在学习内容上如何安排、有什么技巧考前短期内提升成绩、吃什么样的食品能够提升记忆力、如何调整生物钟等。

一位妈妈在"金战热线"中叙说着自己的担心：女儿进入高三以来，各方面一直表现得比较平稳。高考临近，妈妈专门请假陪伴孩子，希望孩子考前一个月能够做好充分准备。妈妈每天按照考生食谱安排饮食，还增加了一些健脑补品。可女儿好像并不领情，吃饭时总显得食之无味，特别是喝牛奶简直就像喝中药（孩子从小就不喜欢喝牛奶）。看到这情形妈妈真是着急，担心孩子在高强度的学习下营养跟不上。老师曾强调家长要提醒孩子劳逸结合、注意休息。可女儿成绩一般，几次模拟考试问题都出在综合题上，所以家长希望女儿考前多做些综合题，指望着考前冲刺一下。可女儿对此要求毫不理会，每天10点半就休息。孩子这种状态让妈妈不安，因为她听说邻居家孩子每天要复习到12点。每次跟女儿说起这些事情，孩子总是很烦躁。这让妈妈左右为难，说多了唯恐影响孩子情绪，可不说她自己又恼火。

考前最后一个月在整个复习过程中可以看作一个调整期。可以说，学生的学习状态和习惯不可能在短期内改变。如果平时学得不好，指望孩子的学习方法和学习基础考前大幅提高，并在高考中超水平发挥是很不现实的，而且这种想法本身就可能会给学生增加负担。案例中妈妈期待女儿考前短期内成绩能大幅提高，这会让孩子背上沉重的包袱，反而影响了有效的复习和应考。另外，原有饮食习惯的改变，如给孩子刻意增加营养，既加重了孩子的心理压力，也会造成身体不适。

这段时间学生主要是为高考做好心理、生理、学习内容等方面的准备。较妥当的方法就是保持一如既往的状态，保持固有的学习节奏、熟悉的环境和常态的生活，以缓解临近考试难免出现的紧张和心理疲劳。

如果考生心态调整得好，能够准确定位复习的突破点，明确复习策略，再加上合理的饮食、充足的睡眠，形成良好的生物钟，对于考生尤其是中等程度的学生来说，考前一个月提高成绩还是有很大可能的。

1. 根据个人具体情况合理安排复习内容和学习方式。

考前一个月，考生回归课本、夯实基础知识才是关键，绝不能以单纯做题替代复习。学习重点要放在查漏补缺、总结经验教训、知识点梳理和整体回顾上，在头脑中形成比较清晰的知识结构图，对各科复习提纲的回顾及对以往错题的反思等，都有助于考试时知识再现和思路打开。我写的《考前30天必做60题》虽然是很薄的一本书，却将整个高考数学要考的重点都涵盖了，考前30天每天只需做两道题就会有很大的提高。很多考生向我反馈，使用了这本书后他们的高考数学成绩都有较大程度的提高。

这阶段复习要跟着学校老师的安排走,但更需要的是考生要根据个人实际情况有针对性地解决自己平时出现的失误点和盲点。可以适量减少做题,做题时要有取舍,不能仅为应付老师的任务,关键是针对性地解决自己的问题。案例中家长让孩子考前苦攻综合题显然是不合适的,这段时间应力争让孩子把已熟悉的内容真正掌握了。比如综合题,第一步的解答都比较简单,孩子完全可以得分,后面的步骤感觉困难就可以放弃,其实这也是应考策略。把平时会做的题考试时都做对了,就是最理想的结果。

2. 饮食顺其自然,注意营养均衡。

按照现有生活水平,多数孩子通过饮食保证营养是不成问题的,关键要注意合理搭配、均衡饮食才是最优营养。学生考前刻意增加营养甚至进补并没有太大意义,因为营养摄取和知识学习是一样,靠的是平时的积累,而且身体对饮食习惯的适应也是需要时间的,所以我不主张考前刻意加强营养而大幅改变原有的饮食习惯。当然,根据天气状况、孩子的身体状况和饮食习惯,进行适当的微调还是必要而有益的。

对于市场上各种标榜着提神醒脑的产品,家长选择时更要慎重,不要期待那些东西会产生"特异功能"。如果确实需要服用某些产品,也要做到适可而止。另外,孩子要保持充足的体力和旺盛的精力,适量的体育锻炼是必需的,要坚信 $7+1>8$ 的原理。

3. 注意劳逸结合,形成良好的生物钟。

考前一味苦读会使大脑产生自我抑制,容易导致学习疲劳,降低学习效率,对考试非常不利。所以,这段时间学生不要再沿用以往的高强度、长时间学习的作息表。要适量安排一些娱乐活动和体育锻炼,这些活动有助于放松心情、提高学习效率。同时要注意节制，尽量远离电视连续剧、网络游戏、剧烈的体育活动等，以免过度消耗精力。

考生要保证足够的睡眠，为考试储备充足的体力和精力。如果孩子生活很有规律，就尽量不要刻意打破原有的生物钟。对长期"开夜车"的学生来说，这段时间一定要注意调整自己的生物钟，最好能将作息时间与高考时间吻合，按照个人生活规律争取把自己的生理兴奋点调到与高考相应的时间段。而且在复习科目的安排上，也按照高考顺序来进行，这样到考场上就比较容易适应，以期达到最佳考场效果。

如果出现失眠现象，家长和学生也不要过于着急，几乎所有学生考前都经历过失眠，所以睡不着觉是很正常的。当学生不再困惑于"不想让自己失眠"时，焦躁的心情自然就减轻了。

第五章
冲刺：如何踢好临门一脚

专业"冷热"我来说

  高考一结束，家长和考生们又将注意力转到志愿填报上来。有一位朋友所在的国税系统近几年对于职工子女参加高考有优惠政策，只要考生达三本线就可以上对口院校，毕业后税务部门接收。这么好的机会，他女儿却执意不从，她想报考当地一所大学的中文系。孩子母亲认为学中文没有发展前途，税务部门的铁饭碗错失不得；可父亲却认为根据孩子的特长和个人职业规划，选择中文专业是最合适的。朋友说自己当年就是听从了老师和家长的建议报了热门专业经济学，可那时他的志向却是从事藏品研究或考古工作。虽然现在事业也是小有成就，但远比不上自己业余做藏品研究获得的成就感和愉悦感。所以，女儿的志愿填报让这位父亲处于两难。

  我十分理解朋友的矛盾心情。依据他的经历和感受，从他内心来讲希望女儿遵从个人兴趣和职业理想，选择喜欢的中文专业，可现实中行业间的社会地位和收入的巨大差别，又让他难以摒弃一些功利的想法。朋友感叹："如果一个人从事的工作和自己的个人爱好能够一致，那将是多么幸福的事情！"是啊，一个人只有从事自己喜欢的事情，才能激发出极大的学习热情、探索欲望和创造力，更多体验到学习带来的愉悦。

恰当的专业选择能够帮助学生走进理想大学、如愿以偿实现个人职业目标。考生选择专业时需要综合考虑各方面因素，尤其是自身条件、兴趣、特长、职业规划等，绝不能盲目跟随流行。现实中，很多考生向往和羡慕"热门"专业，而我认为所谓的"热门"只是指一定时期内社会需求比较强烈、薪水较高或比较新潮的专业，它是紧随社会和市场行情不断变化的。社会对人才的需求是有周期性规律的，现在看起来"热"的专业，未必将来持续火热。从近几年计算机、法学、生物工程等专业成为"毕剩客"生产大户的现实足以证明。就如朋友所言，当年人们绝没料到今天的收藏业会如此火爆。所以在报考志愿时，家长需要做好孩子的"参谋"，帮助孩子做出更科学、更理性的选择。

1. 孩子报考志愿、选择专业最好先做职业规划。

通过专业的职业倾向心理测评，了解个人兴趣、能力和人格特点，更加全面了解自己适合的专业或更适合从事的工作，明确个人职业发展目标，以便做出恰当选择。

2. 填报高考志愿时，应综合考虑多方面因素，辩证地看待"冷""热"专业。

要充分考虑个人的高考成绩、社会发展、未来就业等客观因素，着重考虑自己的兴趣和潜力以做出明智的选择，更要以发展的眼光来看待目前专业的"冷""热"，也许现在看起来的冷门专业，5年、10年之后这方面的人才会供不应求。即使长盛不衰的"热门"专业，如果孩子不喜欢，也是难以有成就的。

3. 家长要根据自己丰富的人生阅历，对孩子加以引导。

毕竟孩子的社会经验相对欠缺，家长一定要扮演好自己的角色，最好只是提供成熟的建议，而不是代替孩子做决策。因为孩子的知识结构、视野的深度和广度，好多家长是比不了的。有些时候，孩子对报考规律、某些专业的行情等可能比家长了解得更深刻，而且孩子对个人理想、特长、自身条件等把握得更准确。所以家长和孩子要共同协商，以便孩子做出恰当的选择。

只要孩子自身综合素质高，将来他无论从事什么行业都可以做得很好！

第 六 章

我送女儿上北大

> 人们总是谈论成功人士，羡慕成功人士。怎么定义成功人士呢？成功人士的一个重要标准，就是培养一个成功的孩子。孩子是父母生命的延续，也是父母事业的延续。

2006年，我女儿考入北京大学。那时候，出版社编辑就建议，我应该把怎么培养女儿、怎样发掘她的长项，把她送进北大的事写进去。

我说："我女儿成长的故事很平凡，也没有什么大事。"她说："现在家里有多少大事呀？不都是普普通通吗？可就是把每件小事做好了，才能成大事；把每个小环节做好了，才可能进北大呀。"我觉得她说得也有道理，我们老百姓不就是天天过平常的日子吗？说说那些平常的故事，可能对大家也会有些启发。

爱好与个性

读书与音乐

女儿喜欢看书,这个习惯是从小养成的。大约从她三岁开始,我每周带孩子去一次新华书店。到了书店,我不给孩子买书,而是让她自己挑。她就在书堆里看,看中了什么书,就抱在柜台上,我来给她结账。因为我觉得,应该让孩子自己决定看什么书,看懂看不懂也没什么关系。

去书店次数多了,书店工作人员都认识她了。她一来,书店阿姨就会说:"哎呀,小书迷又来了!"每去一次新华书店,她就背一包书回家,看完了,下周再去。她上小学三年级时,中国的四大名著,还有图画版的《上下五千年》这些书,她都囫囵吞枣地看完了。

我们并不是刻意去引导她读什么书。发现了她爱好读书,就每周陪着她去一趟书店。也没有多少时间陪着她读书或给她讲解,基本上是她自己看。

有一次,我们家人跟着铁路旅行社去桂林旅游,当时车厢里有一些大学生,女儿最小,那些大哥哥姐姐们就一个劲儿逗她讲故事,还向她发问:《红楼梦》第一回是什么呀?第二回是什么呀?刘姥姥怎么进大观园的呀？她居然都能把那些故事说出来，还把书里的一些诗背了出来。那时女儿才三年级，连我都有点儿惊讶。

我觉得，喜欢阅读是孩子的一个好习惯。大量的阅读，丰富了她的知识结构。在她们班，除了数学、英语，同学们如果在语文、历史、地理等方面有疑问，她总是能给大家说得头头是道。

孩子成长总有共性的东西。后来，我发现像12班同学也都从小就有阅读习惯。而且这种阅读不是强迫的，是他们自发自愿的，所以也应该受到鼓励。

女儿小时候还有一个爱好是弹钢琴。1991年，女儿出生后不久，我就想，怎样让孩子有点儿艺术爱好呢？那时候，我在山东沂水一中一边教书，一边组织老师编写教材，挣到一笔钱，一万多块，那在当时是个不小的数目，都不知道该怎么花。有一次，我到济南开会，顺道去商店逛，就看中了一架钢琴，价格9700元，切尔牌的。我当时就把这架钢琴买下了。那时候，我们县没有多少人买钢琴，有些人看我花这么多钱买这么个笨东西，感到不可思议。

女儿大概从三岁开始弹钢琴。因为在县城，也没有几个会弹钢琴的，有个音乐老师教她，她就一直弹着。我也不逼着她学到一个什么水准，也没有让她考级。她弹钢琴也很轻松，全当是个乐趣了，后来大概能弹到钢琴业余五级的水平。

我的失误

早些时候，我常年带班，教学任务重。女儿上小学的时候，我就想她还小，不用在她的学习上花太多精力，等上了初中再说。我最大的失误就在这里。其实，孩子最关键的时候就在小学，而家长对孩子起决定作用的时候，也是在小学。

1996年夏天，我从临沂调到青岛二中任教，妻子和孩子也都过来了。本来我都打算好了，我女儿要进江苏路小学，就在青岛二中旁边，是当时全市最好的一所小学。但后来我改变了想法。

为什么呢？因为离家太远。到青岛二中报到后第二天，我和妻子从家乘坐公共汽车去学校，光单程就走了一个多小时。正值盛夏，公交车又拥挤又嘈杂，还堵车。我和妻子下车时已是一身汗水，狼狈不堪。

我想，我可以天天来回受这个罪，但是我不能让妻子和孩子天天受这个罪。以前在临沂的时候我住在学校，上下班路途只要五分钟。现在，每天浪费在路上的时间，单程是一个小时，来回就是两个小时。每周工作五天的话，就要浪费掉十个小时，这个时间成本太高了。所以，我决定就在我家周边给女儿找所学校。

恰好，在我家楼后面有一所中学，我就帮妻子联系到那所中学工作，而这所中学旁边还有一所小学，我们就把女儿送进去了。

这所小学位于城乡接合部，学生的情况比较复杂，既不像农村孩子那么本分朴实，又不像城市孩子那样有些教养。女儿从县城来，说话有口音，穿得也土气，又不会讨老师喜欢。班上有些男孩经常骂她、欺负她，甚至动手动脚的。

那段时间女儿很不快乐，唯一的乐趣就是看小说，整天借书浇愁。班上有一个女生也挺爱看小说的，女儿只跟她聊天。

女儿性格要强，在学校受到了伤害，一般也不跟我们说。有一天，我和她妈见孩子哭，才知道她在班里受到了伤害。我们也到学校找过班主任，甚至找过校长。找过后，那些男孩能规矩两天，过了一段时间又旧病重犯。而我和妻子都挺忙，也不好总去找老师找校长，所以孩子在这所小学的这几年，一直挺郁闷的。

小学时期，是心灵最脆弱最需要保护的时期，也是心理成长的一个重要时期。为什么小学生对老师会有那么深的崇拜之情？在小学时，一个老师对孩子的影响是巨大的。到了初中、高中，师生之间就逐步地形成一种正常的关系。到了大学，师生都可以称兄道弟，甚至可以谈恋爱了。

但是在小学就不同。女儿以前天真活泼，健康可爱，在学校也是个好学生，我一直都比较放心。可是，我没想到的是，在小学的好长时间里，女儿并不快乐，而我也忽略了。

后来，我和妻子带女儿来到北京。女儿脱离了以前那个小学环境，进了人大附小，精神面貌一下子就改观了，腰板直了，笑容多了，学习也很用心。

拿英语来说，青岛是从小学五年级开始学英语，而北京是从小学三年级就开始学英语，女儿等于比同学晚学两年。可进了人大附小不久，她的英语成绩就成了班里的第一名。而我们也没找人给她补过英语课。

精神面貌好了，女儿也就更愿意与人交往，更愿意积极参加一些集体活动。有一次，学校组织跳绳比赛，老师问谁会跳，女儿看班里没有学生举手，就把手举起来了。老师很高兴，把她列为主力队员。可是女儿压根儿就不会跳，当天放学，她让她妈现买了一根跳绳开始练。她妈把绳的一头绑在树上，陪她练到三更半夜，一直练到她能连着跳才停下来。她妈摇得又累又困，就埋怨女儿说："你不会还硬说会，这是干啥？"

第六章
我送女儿上北大

与孩子共同成长

我眼中的成功人士

女儿上小学六年级时,我就开始考虑孩子今后的升学问题了。我知道,从山东省考清华、北大是很难的,当时清华、北大在山东省的招生指标一共就95个人。山东考生多,录取线又高,我的孩子即使在学校考第一,也很难说就能考上清华、北大。

我觉得,人生有许多东西,是生不带来死不带去的。职务再高,也不是终身的,迟早要退下来。一个人真正属于自己的东西是什么呢?就是你的孩子,因为孩子是我们生命的延续,也是我们事业的延续。

人们总是谈论成功人士,羡慕成功人士,可是我觉得很少有人认真想过什么叫作成功人士,或者说,你怎么定义成功人士。在我看来,成功人士的一个重要标准,就是培养一个成功的孩子。外边八面风光,孩子一塌糊涂,那叫成功人士吗?谁愿意去做这样的成功人士?

我是全国优秀教师,工作很投入,教学有成果。但我从心里并不认同某些"模范"的做法。他们全身心投入,事业辉煌,做报告最后往往要来一句"怎么怎么让家庭和孩子做了牺牲"。好像不弄个家破人亡、妻离子散,就成不了"模范人物"。我认为,这样的"模范人物"

本身就没有让人学习的必要。一个人为了干事业连自己的孩子都不顾，本身就缺乏起码的爱心，即使干成什么事情，也带有一些功利色彩。

经过思考，和妻子商量后，我们做出了一个决定：到北京去。做出这个决定是困难的。我那年36岁，是山东最好的学校——青岛二中的教导处主任。去北京，意味着要丢下多年的努力，丢下自己的前途，丢下青岛这座美丽城市的一切……

可是，为了孩子，我愿意从头再来。但我从来不拿这些跟女儿说事儿，有一次，女儿说："爸爸，我要是考不上北大，你怎么想？"

我说："无所谓，你只要尽力就行了。"

与孩子交流

其实，女儿从小学到初中阶段，我也没有投入多少精力。在人大附中六年时间里，为辅导学生参加数学竞赛，我几乎没有休息过周末，对于这些搞竞赛辅导的老师都知道。用女儿的话讲，我基本处于蒸发状态。

那时候，我不关心女儿到了什么程度呢？我女儿在人大附中初中部，她的班主任陶云老师我还认识，但科任老师我都不认识。同在一个学校里，见了面都不跟人家打招呼，因为不认识啊。人家科任老师也对我有意见：你看看这号家长！

女儿在初中，学习成绩一般。她总怕同学和老师瞧不起她，与同学老师交流不多，回家想跟家长聊一聊，而我和她妈都忙于工作，要不就不在家，要不就没时间。

不知道从什么时候起，我和妻子就发现女儿有点不开朗大方了，有时唯唯诺诺的。我们心里就有点儿不安了，因为孩子已进入青春期，这正是孩子最容易出现问题的时候。

女儿初三快毕业的时候,有一次,我在家里偶然翻到她写的一篇日记。日记写得很长,她把上小学到初中所受到的委屈全写出来了,真是如泣如诉。

看完那篇日记以后,我就觉得非常愧疚。孩子其实有时候很孤独、很苦闷。大家可能总觉得,一个当老师的,应该很懂孩子的心理,很会教育自己的子女。其实,我自身的经历及我身边同事的经历说明:如果不精心注意,老师的孩子心理照样出问题。而且,当你发现孩子有问题了,再去管、再去改就难了。

意识到自己的失误后,在女儿上高一的时候,我就跟学校坚决要求去教高一数学课,我孩子在哪个班,我就教哪个班。学校也答应了。

不过,事前我还是征求了女儿的意见。我问她:"我教你们班行吗?"

她说:"那当然好。"

我说:"你真的喜欢吗?"

她说:"真的喜欢。"

于是我便成了我女儿班的数学教师,教了两年。有些老师不习惯在班上教自己的孩子,而我和女儿并不觉得别扭。有时候,我在上面讲课,她还能在下面和同学们开个玩笑,挺融洽的。

在正常情况下,每隔一周,我都要跟女儿敞开谈一次,什么都谈,关键是让孩子倾吐内心的想法,就是让她一吐为快。

刚开始,女儿也不大愿意跟我交流。慢慢习惯了,她什么都跟我说,想说什么就说什么。有时候,她妈在旁边就听不下去,说你这个孩子年纪轻轻的,怎么想到这么多乱七八糟的事,脑子怎么这么复杂呢?

女儿讲的任何事情,我都认真听。就是讲得不对了,我一般也不反驳,也不正面批评,而是从侧面提出问题,让她感觉这件事还是可以商榷一下的。

经过一年的心理调整，我发现女儿逐步走出了心理阴影，她变得越来越自信，越来越快乐，学习效率也越来越高。

所以，我总觉得，说到在高中我给我孩子的最大帮助，与其说是学习上的，不如说是心理上的。

寻找谈话时机

我和女儿谈话，也不是固定约在哪一天。一般来说，我比较留心她的表情，哪一天她脸色不太好看，我就不打扰她了；哪一天她脸色比较阳光的时候，我就觉得这是谈话的好时机，就说些她感兴趣的话题，很自然地就谈起来了。

有一次，她数学没有考好，脸色不好看。当天，我也没有说什么。第二天，我去新疆出差，就带上了女儿那张数学卷子。空中飞行四个小时，我也琢磨了四个小时。我从她做错题的结果，从后往前推，找出她到底在哪个环节出了问题。

从新疆回来后，我一看女儿脸色好一些了，就问："今天，你给我半个小时的时间行吗？"

女儿说："今天给你一个面子。不过，半个小时要完成任务。"

我就开始讲她数学问题出在哪里。她很惊讶，说："你怎么知道我这个地方不会？"我说："我在去新疆四个小时的飞行途中，一直都在研究你的数学卷子。"女儿挺感动。

半个小时到了，我说我不讲了。她说不行，还要我继续讲。那我就继续讲，一下子就讲了两个小时。她说："这个对我太重要了，我知道我下个主攻目标是什么了。"

有时，女儿考试考得很差，我一般都装不知道。她要是不想跟我谈的话，我不会主动跟她谈。为什么？她知道自己考得不好，本来就对你躲躲闪闪的，你难道还要在后面穷追猛打？

一般来说，我会等一段时间，或等她考好的时候，再把她的问题点出来。在孩子成长过程中，我学会了寻找时机，寻找最佳的教育时机。

我建议家长，一周之内要跟孩子聊一次，但一定要找机会，怎么找机会？

如果这天看她心情愉快，就可以找找话题，让孩子说说心里话。如果这天看人家脸色不好，不理不睬的，就别找没趣。谈话机会你得观察，得用心，不是说你想什么时候教育，就什么时候教育。机会没来的时候你去硬谈，往往是不欢而散。

当同学喊她"猪"

当有同学喊你的孩子"猪"，你给孩子什么建议？可能在青岛的小学有段被伤害的经历吧，也可能因为进入青春期，女儿的性格变得敏感而有点儿脆弱。

女儿属于那种本分的孩子，她不会把自己的意志强加于别人，更不会欺负别人。同时，她也希望同学和她一样，如果不一样，她就变得烦躁起来。女儿有个同桌，上课经常不准备笔，也不准备书，需要用了，随手就把女儿的书或笔拿来用，用完了又不还，而且老是这样。女儿本来就看不惯这个同桌，更让她无法容忍的是，这个同桌有时候喊女儿"猪"。

有一天，女儿回家说："爸爸，你能不能跟老师说一说，给我换个座位，我的同桌老骂我。"

我想：孩子小的时候，应该给她创造一个好环境。但长到现在的年龄，就得学会适应环境，不能老是躲闪和逃避。

我就问："她怎么骂你？"

她说："她骂我是猪。"

我就笑，我说："你应该这样回答她：'猪多好啊，很可爱，本分朴实，谢谢你的褒奖。'"

她说："不是，她是侮辱我。"

我说："你们同学之间没有那么严重的事，都是开玩笑的。"

我就跟我的孩子讲，有时候，你没有法子选择你的同学、你的老师、你的环境，那么你只能选择一种心态。为什么同一个班，有的同学过得很快乐？就是因为他心态好。

我说："人活在世界上不能老是被动，咱们应该学会保护自己。保护好自己才可以后发制人，可以用一种高雅的方式回击。你不要老是做一个小绵羊，老是躲躲闪闪，老是怕受伤害，受了伤害就在我面前叫苦。我不能跟你一辈子，你应该学会保护自己。你的性格不泼辣，正好可以利用这个机会，炼炼自己的应付能力。"

我跟她讲："同学再喊你是猪的时候，你就可以这样说：'猪多好，太可爱了，总比从动物园跑出来一个狗熊要可爱得多吧？'因为你这一句话，她就会感觉你这个人挺厉害，底气很足，她就不敢再冒犯你了。你不要光生气，遇到别人冒犯你，你可以不理她，也可以冷静考虑怎么应付她。"

最后，我问她："你还调座位吗？"

她说："不调了。"

不调了以后，她就老是等着人家喊她"猪"，她好回击一下，体会一下后发制人的快感。可是结果很失望，她后来才发现那个同桌本来就是有嘴无心的那种人。她回来就跟我说:"老爸,我老是等着机会锻炼锻炼,结果老是没有机会。"

我说:"同学对你都是挺友好的,是吧?"

她说:"是啊,我突然感觉这个同学对我也挺好的。"

我告诉她,人与人之间的诸多矛盾,可能是误解造成的。人是多面的,不可能都是你想象得那么好,很多时候也不是你想象得那么不好。这就是社会,就是生活。

学会有耐心

女儿在小学数学一直很好。初中时,我也一直认为她的数学很好。但实际上,进入初中后,她数学是走下坡路的。

上了初三,第一次考试,我让女儿把成绩单拿给我看,看完成绩,我很惊讶,分数低不说,解题思路也乱七八糟。我一下子就火了,就在办公室,当着两三个老师的面,把她斥责了一顿。斥责完了以后,我心里也难受。中午,我们两人往家走,我一句话没说,不过快到家的时候,我的气也消了。

到了家里,我说:"老爸现在了解你的数学水平了,这样吧,老爸给你好好补补,好不好?"

女儿当时就哭了。

进入高中以后,我开始辅导她的数学。我发现,我辅导别人的孩子,人家不会,我也能笑眯眯地讲一遍又一遍。但是,我辅导自己的孩子就压不住火,总觉得这个东西很简单,一看就会,又给你讲了,你怎么还不会呢?情绪就上来了。辅导别人孩子可以有耐心,这是职业性的习惯。辅导自己孩子,自己最亲近的人,有时反而没那么有耐心了,可能这就叫作人性的弱点吧。

其实，家长在孩子面前总是强势的。我把那么多学生送进了清华、北大，甚至送进耶鲁、剑桥、牛津等国际名校，对孩子未尝不是一种压力。而且，用女儿的话讲："老爸一路打拼过来，性格自信，这种自信给他带来很多好处，但是有时也会导致他习惯拿自己的视角看问题，有时也会对女儿产生误读。这时候，作为他的女儿来讲，压力就挺大的。"

后来我发现，我越是着急，孩子在我面前就越有点儿怕，越有点儿怕就越听不进去了。我觉得，这是我的失误。

于是，我开始思索，开始降低期望值，把女儿当成普通学生对待，这样一来心态就缓和多了，我慢慢学会了容忍女儿的一些低级错误。粗心差不多是所有孩子共同的特点，但在我看来，女儿属于格外粗心的学生。有些题，全班同学都不会，就她一个人会。但有些题，全班都不会出错，而偏偏在她这儿就会出现错误。

以前发现她的低级错误，我有时候会发火。但后来，我修炼到什么程度？我不仅不火，还能面带微笑跟她开几句玩笑。她每次考试成绩出来，考得不好，我装不知道；考好了，我就会说："听说咱们倩倩同学大获全胜，可喜可贺！"她得到我的鼓励后，非常开心。孩子取得成绩的时候，是需要欣赏和鼓励的。

我们家长是给了孩子一些东西，但其实我们也得到了不少东西。至少，我从帮助女儿成长的过程中，磨炼出了耐性。

买书不是为了安慰自己

高二期末，女儿数学又没有考好。卷子发了以后，她主动给我看，说:"老爸,这学期我感觉数学学得不行。"

我说:"这事好办,今年寒假,老爸给你补补课。"

她说:"不用你补课,我自己学。"

我说:"那也行,你怎么学?学什么呢?"

她说把手头的书和资料再看看。我说:"你的书已经看了一遍了,手头的资料也过了一遍,你重新再做一遍,效果也好不到哪里去,因为人都不愿做重复性的事情。我给你推荐一本参考书怎么样?"

她说:"行。"

于是,我来到西单图书大厦,想给她挑一本适合她的数学参考书。图书大厦的参考书、课外复习资料多的是,可以说泛滥成灾。而我整整挑了一上午,只挑到一本合适的,叫作《数学同步作业本》。

回家后,我跟女儿说:"学数学有个方法,就是在哪儿摔倒,就在哪儿爬起来。你觉得高二数学没有学好,就要把高二的内容重新过一遍。怎么过呢?我建议你做一下这本《数学同步作业本》。你可以半个小时做一套题,一天做三套题,这个假期,你就能把这本书全部做完。开学以后数学肯定能上来。"

她问:"就这么简单?"

我说:"就这么简单。我把这本书的答案放到我这儿。你做完以后自己批改,有不明白的问题可以问我。"

女儿采纳了我的建议。寒假里,她每天拿出一个半小时做三套题,结果就把《数学同步作业本》很轻松地做完了。开学一考试,她数学成绩就进了班里前十名。

记得到西单图书大厦给女儿买书那天,我看见有一个家长推着一个小车,看见高中的辅导书就往里面装,一会儿车就装满了。她孩子跟在后边说:"妈,你给我买这么多的书,我什么时候能看完?"

他妈妈说:"你期末考试考得那么差,你再不多看书多做题,什么时候成绩能上来?"

你看这家长,说得貌似有理,可是我觉得理在孩子这边。你买这么多书,他怎么看?怎么做?他本来应该挑选适合自己的书,可是家长呢,反正给孩子买了一大堆书,她心理上就得到安慰了,她知道孩子学的效果怎么样吗?

给孩子一些切实可行的建议

有一次期末考试,女儿作文考得不好。她把自己知道的那点儿古今中外的东西,全放进了一篇作文里,写着写着都找不着北了。而她还觉得写得挺好,认为是老师批卷有问题。

我一看她写的那个东西就生气,生气又不想表现出来,就不想跟她谈。

她就来主动问我:"你觉得这个作文怎么样?"

我说:"我感觉,你这个作文离题万里。"我说这话,她不爱听,一副不屑一顾的样子。

我觉得,对于作文上的问题是不能含糊的,我的态度就严肃起来了:"你觉得我是外行是不是?你就不能听听我这个外行对你的评价?你就这么一点虚心的态度都没有?这么一点儿倾听逆耳忠言的态度都没有?"

听到这个话,她就不情愿地过来了。我说:"你作文的最大问题是跑题了。你这里面有一些不错的经典例子,但是,是把一堆金砖胡乱堆在一起好看呢?还是用一堆普通砖建起一所房子好看?"

她若有所思,好像听进了我的话。

我说:"作文跑题是常见的丢分现象,你能不能解决一下?"

她问:"怎么解决?"

我说:"这样,咱们今天晚上就把以前高考的作文题目找出来。然后咱们是不是先拿出一段时间打腹稿,先把大的框架定下来,然后再做文章?你一上来就写,写着写着就找不着北了,迷失了方向。我觉得你每次写作文,应该先构思出一个结构,先列出一个章节来。"

她说:"以前我没有这个习惯。"

我说:"咱们今天晚上就开始形成这个习惯好不好?"

她说:"行。"

于是,我和女儿就把以前的高考作文题目找出来。每找出一个题目,在15分钟时间里,我们两人先做写作提纲,然后共同讨论,给对方的提纲提出一些建议。那天晚上,我们根据题目,共做了十多个作文提纲。

虽然我是教数学的,但我一直关注高考的动向,对作文也有一些了解。我女儿是语文科代表,过去也不大看得上她老爸的作文水平,这次讨论后,她说:"老爸,我还以为你光会教数学呢。"

就这样,只用了一个晚上,她就找着感觉了,开学第一次考试,她的作文成绩在班里排名第二。

与孩子的交流,怎么样才能有效果?作为父母,如果拿不准,你就不必轻易说,也不必带着个人主观印象去说。孩子会参加各种考试,每次考完,父母可以先跟老师沟通,了解一下孩子的考试情况,孩子最近一个阶段的表现,再给孩子提出一些切实有效的建议,才能帮助孩子解决一些实际问题。

电视和手机

孩子上高三时,我们把家里的电视封上了。我们约定,打开电视需经三人同意,就这么坚持到大年三十晚上,因为想看春节联欢晚会,我们才同意打开电视机,看了晚会。

到了大年初一,早晨8点多钟,我还在睡觉,女儿就推醒我,说:"电视机打开了,我得上你办公室学习去。"

我说:"行啊。"

我们父女俩就到我的办公室里,从早上8点多学到中午了,我说:"咱们回家吃饭吧。"

女儿说:"回家电视开着,又要想看电视了,干脆咱们中午饭也在这儿吃吧。"

我说:"那好。"我回家拿了两桶方便面,两人每人泡了一桶,就在办公室吃。她一直学到晚上8点多。在回家的路上,我问她:"今天学得怎么样?"

她说:"今天过得很充实。昨天晚上看春节晚会挺热闹,挺高兴。但躺在床上,就觉得有些失落。今天学了这一天,感觉心里特踏实。"

我曾经问过学生:"你在家学习的时候,父母在干什么?"

学生说:"父母看电视。"

我问:"你父母看电视,你学习受不受影响?"

学生说:"肯定受影响。"

想想看,如果父母在一边看电视,孩子学习是什么状态?如果父母也在那儿学习,孩子又是什么状态?家庭成员之间其实是最有感应的。

女儿学习状态上来后,对电视、手机之类的东西,有了一定的自

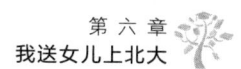

控力。

　　记得那是女儿上高二期间,我跟她说:"人家同学都有手机,要不给你买一个?"

　　她说:"不要。"

　　我问:"为什么?"

　　她说:"人家同学拿手机,是为了与父母联系方便。我就住在学校附近,有什么事情就找你们了,还要手机干什么?再说,要有了手机,别人给我发短信,我不给人家回吧,没礼貌;给人家回吧,又耽误时间。现在大家都知道我没手机,我也没那些烦恼,所以我不要。我要集中精力,全力以赴考北大。"

特长之路

帮助孩子设计一条路

女儿的升学目标是进入北京大学。可是,即使在北京,升学竞争也非常激烈。想进入北大,谈何容易?而对于孩子,我们父母还能做些什么呢?

因为多年带高三班,我比较了解高考政策。我知道有艺术特长本身就是一种优势。女儿从三岁起开始弹钢琴,在音乐方面有一定基础,我就开始考虑怎么培养她的艺术特长。而女儿也希望自己能够发挥自身的特长。

有一天晚上,我们吃过饭出去散步的时候,她说:"老爸,我挺喜欢民乐的,你能不能帮我选一门民族乐器。"

我说:"行啊,你喜欢什么乐器?"

她说:"我喜欢二胡。"

我说:"也行,咱也可以拉二胡。可是,这个二胡和钢琴一样,会拉的人太多,竞争太激烈。咱们能不能再选一个乐器,你又喜欢,会的人又不是那么多,将来高考的时候还能加个分?"

她说:"行。"

于是我就向北大、清华负责艺术类招生的老师进行相关咨询。关于女儿的音乐特长，我希望能满足以下三个条件：第一，这个音乐特长，孩子从初一开始学就能够学好；第二，在全国来讲，学的人数相对比较少；第三，这个特长在北大、清华的需求量还比较大。结果，专家们就给我女儿推荐了一种乐器，叫作中阮，是一种弹拨民族乐器。

然后，我问女儿："咱学中阮，行吗？"

她说："我弹弹试试吧。"

后来，我们在北大找了一个会弹中阮的大学生，教了她一段时间，她觉得挺好，挺喜欢，就开始学了。女儿从初一开始弹中阮，每天弹一个小时，基本上自己弹，自己练，自己悟。她很自觉，每天到时间了，她就从书房出来，抱着琴就弹。

跟我回山东老家，她也带着中阮，每天都得保证弹一个小时。有一年暑假，她要去英国学校进行一个月的学习交流活动，她也要背着那个中阮。我劝她："出国背那么一个大东西干什么？"

但她说："不，不行，我必须得带着。"

她把中阮当成了一个作业，一个爱好，一个乐趣。有时候，她弹琴，我在旁边也和她一起陶醉在音乐中。

女儿学中阮学得很快。因为，一来她比较喜欢，二来她因为弹过钢琴，具有一定的乐理基础。后来她的中阮达到了业余最高级——九级。

特长生比赛：高考的一次预演

2005年12月，女儿参加了艺术特长生测试，同时报了北大、清华和人大三所大学。以往考试，女儿从来不要我陪。第一次去参加清华艺术特长生测试时,我就把她送到了一位老师家,请那位老师送她去考试。

那位老师原本希望能帮她放松下来,没想到女儿却反过来劝人家老师,她说:"李老师,你不用担心我,我弹琴就是弹着玩的,其实今年不用加特长分,我照样能考上北大!我是考试型的,一到考试就兴奋,就能发挥好。"

女儿这次测试的确比较放松,成绩也进了前三名。

女儿去清华复试中阮,是我陪她去的。女儿进了测试教室没一会儿,又出来了,说:"爸爸,我拨子找不着了!"恰好那天教她琴的魏老师也在,魏老师说:"别着急,我备着呢。"

那天天很冷,女儿后来说:"我出来时,看见父亲穿着件单西服站在寒风中,我一直都不能忘记那个情景。"

艺术特长生很不容易,她平时练琴的时候,就是那么弹来弹去,硬把手指给磨出一条小沟。初试的时候,她手指破了,可再疼也不能贴创可贴,因为贴了那东西,就找不准弹拨的力度,就会跑调。初试后回到家里,才贴上创可贴,而第二天参加复试时,还要揭下来。所以,当她弹完了一首曲子,琴弦都沾满了血。

女儿考完了出来后跟我说,有一个北京十二中的男孩,在琴房演练的时候,她觉得男孩比她弹得好。测试的时候,女儿排号第一,男孩排号第二。

女儿测试完,出来收拾琴,看见这个男孩弹了几下后,心慌得都弹不下去了,抱着琴在那儿哭。可见测试压力之大。

参加北大、清华和人大的艺术特长测试,女儿都名列前茅,结果与三所学校都签了约,获得了加分资格。女儿很高兴,心态也轻松了,她说:"反正有一定把握了,倒不如搏一把,不用加这个艺术特长分,

第六章
我送女儿上北大

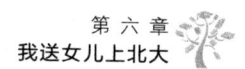

去冲击北大!"

人的特长有了,自信心就有了,什么难题也难不倒他了,这就是特长的力量。

女儿后来的学习成绩,也进入人大附中高三年级前三十名了。

我问过女儿:"如果上了北大以后,你还要弹中阮吗?"

女儿回答得很干脆:"那当然,因为我喜欢呀。"

走进北大

承诺，是一种激励

记得我们从青岛调到北京的第二天，我和妻子带着女儿来到北京大学。当时，女儿一看北大校园，就说："爸爸，我将来要上北京大学。"

我说："好啊！"在北大校园里，我们家人三双手叠在一起，一起许愿：孩子要为上北大努力。

下午我们又去了清华，清华、北大各有特色，孩子又矛盾起来了，她说："我现在又想上清华了。"我想，孩子的热情和梦想应该受到鼓励，就说："其实这个矛盾很好解决，你本科在北大念，念研究生考清华，这两个学校不都是你的母校了吗？"

那是1999年8月18号，女儿一直记得这个时刻。后来中考，女儿考得不理想。那个假期，我带女儿回了一趟山东老家看她奶奶。临走的时候，奶奶恋恋不舍地跟她说："倩倩，你什么时候再回来看我？"女儿说了一句："等我考上北大再来看你。"

女儿跟奶奶这样说，说明她并没有因为中考失利而失掉信心，并没有因为挫折而放弃希望。我听到后心里也感到欣慰。

第六章
我送女儿上北大

🎓 帮孩子减轻压力

高一前后,女儿情绪不太好。本来,她所在的班级是个实验班,班风很好,学生上进,老师也很优秀,那么问题出在哪里呢?

情绪不太好主要与她心理状态有关。女儿有个特点,就是比较自信,她总以为自己行,每次考试,她都以为应该考到前十名,但事实上她很少能进前十名。在班里,她的学习成绩总是在中游偏下,因此她情绪上就会有波动。

注意到了女儿的性格特点后,我就从来不给她定高标准。每次看她学习成绩,我都有意识降低自己的期望值。而我给她提的公开要求,也总是比她自己的期望值要低一点。我对她说:"咱们没有必要考那么高,你现在这个实力就够了。"

教育是个奇妙的东西。对某些人,可能要增加压力,因为他们喜欢挑战,压力越大,动力越大。但对于某些孩子,本来压力就很大,你再给她压力,她可能就支撑不住了。对孩子得有一定激励,而当这种激励变成心理压力的时候,作为家长也应该给孩子减压。

有一次期末考试,女儿数学考了100分,而数学满分是150分。她就跟我说:"老爸,你别生气啊,这次我考得不好。"

我觉得100分已经很好了,而她考100分还嫌不好,可见孩子压力多大。

我就跟她说:"咱们也不一定非考北大,你看爸爸也不是北大、清华毕业的,不是也活得人模人样的?不上北大、清华就不能成才吗?我希望你成绩好,更希望你将来快乐。如果你觉得不上北大、清华也挺快乐,我们就尊重你的选择。你只要快乐,就是我最大的愿望。我不太在乎你上什么样的大学,只要不觉得委屈,你上一般本科院校也行啊。"

女儿问:"老爸,你真这样想?"

我说:"真这样想。"

我希望向女儿传达一个信息:你十六七岁了,你应该知道自己未来的选择。从根本来说,这是你自己的事,不是我们父母的事。只要你将来不觉得委屈,只要你觉得快乐,我们就快乐。

高考前,有一次给她辅导数学,辅导完了以后,我说:"我给你划几个题目,你把'高考模拟38套题'给我。"

她说:"什么38套题?我没有。"

我说:"你们班同学人人都有啊!"

女儿说:"我没有。"

"高考模拟38套题"是很好的模拟题,高三学生几乎人手一份,每个人也几乎都把"高考模拟38套题"做过了一遍,但我女儿居然说她没有,这让我很吃惊。我说:"你平常做什么题了?"

她说:"我没做那么多题。"

我叹道:"倩倩,你欠的功夫太多了。"

高考邻近,我跟女儿说:"倩倩,上帝对谁都是公平的,你付出了那么多,上帝一定会给你一个好结果的。"

第二天,女儿就跟我说:"老爸,你昨天说的那句话,我想了一晚上,都没睡着觉。你说上帝对谁都是公平的,那样的话,我今年肯定考不好。你看人家做多少题,我才做了多少题,如果上帝公平的话,我今年肯定考不好。"

我只好又安慰她:"怎么能这样讲呢?你用别人做题的时间去弹中阮了,弹中阮多辛苦呀!你每天比别人多花费了一个小时,这不是更多的付出吗?放心!"听我这么说,她才踏实了一些。

高考数学 147 分是如何得到的

每到高考时刻,家长、学生都处于高度紧张状态,这是可以理解的,但紧张过了头会带来很多负面的影响。2006 年高考前一个月,我女儿对数学深感担忧,她过去的每次考试成绩几乎也都在 120 分以下(满分 150 分),但在各方努力下,女儿在 2006 年高考数学得了创纪录的 147 分。我把这一过程如实表述出来,虽是个例,但仍可给学生及家长以参考。

2006 年"五一"过后,女儿跟我说:"老爸,我对数学怎么越来越没有底了?"为了打消女儿的顾虑,我说:"你老爸就是教数学的,这点事好办,包在我身上了!还有四周的时间,前三周你集中精力把其他学科搞定,最后给我留一周的时间,我给你解决数学问题。"这一番话给女儿吃了定心丸,她全力投入了其他学科的复习中。其实我这句话既减轻了她的心理压力,又提高了她的学习效率(从她的四周的时间中硬挤出了一周)。

最后一周到了,我问她:"你的选择题有问题吗?"

她说:"这些题我自己解决!"

我问:"填空题有问题吗?"

她说:"这些题我自己解决!"

后面还有 6 道大题,我逐一问:"三角函数能得满分吗?"

她说:"没问题。"

我说:"过了。"

我问:"立体几何能得满分吗?"

她说:"没问题。"

我说:"过了。"

我说:"概率题有问题吗?"

她说:"概率题经常出错误。"

我说:"好!这个问题交给我。"我又问:"解析几何有问题吗?"

她说:"这类题第一问还行,第二问我经常出错。"

我说:"好了,这个问题交给我!"我接着问:"代数杂题,比如利用导数判断单调性、求最值或者求参数的范围,有问题吗?"

她说:"没问题。"

我说:"过了。那么,只剩最后一道题了,这在高考中是个难题,很难预测的,还有不到一周了,我们就把它放弃吧。"她也同意了。

我就跟她说:"7天的时间,你利用5天把你负责的题目干掉,给我腾出两天的时间,解决这两个题目。"我的这个举动就等于从她最后7天的时间里,又挤出了两天时间,自然就提高了她的复习效率。

在此期间,我把近几年全国的高考题,进行了认真的研究,把概率题精选了8道,解析几何题精选了6道,最后两天让女儿来做。她做对的题目就过了,做错的地方我进行认真讲评。当她把8道概率题目做完后,我问她:"感觉怎么样?"

她说:"底气足多了!"

我说:"今年高考这类题目绝对没问题了!"(这个时候,即使有问题,也不能说有问题!)第二天解决6道解析几何题,她在第一道题思路上就卡了壳,我给她梳理了一番后让她做,结果她在做题的过程中,由于计算能力不过关,又做不下去了。我给她又疏导了一番后,让她从头再来一遍,并要求她一定要把这道题做到底。第三遍,她一气呵成,然后长出了一口气,说:"嗨呀!解析几何我找到感觉啦!"

以后的题目她就越做越顺了,到最后一道题的时候,她说:"我不做了行不行?"

我问:"为什么?"

她说:"我给你讲讲思路。"结果她把思路从头说来,说得非常清晰。

我跟她说:"今年你的解析几何绝对没问题了!"

她问:"真的?"

我说:"真的!"(这个时候,即使是假的,也得说是真的!)很多学生害怕解析几何,其实解析几何规律性很强,学生害怕解析几何通常是因为担心自己的计算能力,心理障碍突破不了,缺乏自信心。在高考前,如果能够彻底地解决几个类似的题目,心理障碍一旦突破,你会发现解析几何并不像你想象得那么难。在2006年的高考中,女儿以居高临下的心态走向考场,数学竟得了创纪录的147分!

其实,在辅导女儿的过程中,我并没有给她讲多少内容,加在一起也不足两个小时,在这个过程中,我更多的是给她树立信心,减轻压力,突破心理障碍。当女儿以居高临下的心态参加高考的时候,便有了超水平发挥。十多年的寒窗之苦,学生做了大量的题目,数学的基础能力应该都比较强,如果再能把心态调整好,都是有可能得高分的。希望我的这一做法能对各位考生有所启发。

陪着女儿上考场

女儿要高考了,接受最终的检阅。

2006年高考前一天下午,我和妻子陪女儿去海淀实验学校看了一下她的考场。看完后,我说咱们出去转一转吧。我们一家三口就到了颐和园，围着昆明湖，边散步边聊一些轻松的话题，还划了一会儿船。晚上又到一家餐馆吃了顿饭。

晚上，我安静地守在女儿的卧室外，听到她呼吸均匀了，才轻轻走进自己的卧室。而女儿后来告诉我，其实她那时并没睡着，她不想让老爸担心，就做出一副睡着的样子。

6月7日，高考第一天。去考场前，我很少跟她说话。有的家长在考前跟孩子说个没完，唯恐孩子遗漏了什么，我觉得这样不可取，只会给孩子平添压力。

女儿的准考证我也不问她，都是她自己整理的。她整理完以后，我临走前会再检验一遍。

去考场途中，我也不怎么说话。女儿说要看一会儿书，我说："在车上看书晃眼睛，你这会儿就别看了。你可以想想，今天有可能考什么作文题目，你怎么开头，怎么结尾，你现在想这个，别的不要想。孩子在车上闭上眼睛，想着作文，就放松下来了。"

进考场前，我告诉她："考试前不要跟同学说太多的话。因为这个时候，同学一交流，万一说什么不愉快的话，或者听到什么不太有利的消息，就会影响考试的情绪。所以见了同学见了老师，笑眯眯地打个招呼，然后去趟卫生间，找个地方安静地待着就是了。"

考完第一科语文后，我也不主动跟女儿说话，她想谈了，我就听一会儿。我怕她滔滔不绝说开了，老让自己沉浸在上一科考试里。我就说："好了，语文考完了，把这一页翻过去。忘记上一场考试最好的办法，就是投入到下一场考试的状态中去。"女儿就去想着下一场考试了。

6月8日考完最后一科，女儿对我说："老爸，这次完了。"

我说："怎么了？"

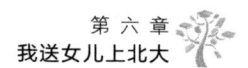

她说:"这次,上北大可能用不上艺术特长的加分了。"

女儿的学习成绩平常在班里不是出类拔萃的。可是,这次高考发挥得确实好,总分达到 645 分,而北大录取线是 623 分。

就这样,女儿如愿进入北京大学法学院。

结语

每个学生都是一颗星

2005年，我调任人大附中网校校长兼人大附新浪技术有限公司总经理。

我对这一任命并不情愿。一来我喜欢教书，25年来我一直在教学第一线；二来涉足企业显然不是我的强项；最重要的是我女儿要参加2006年的高考，正是最需要我的时候，所以我对学校的安排不愿接受。

但我很了解人大附中刘彭芝校长的脾气，只要被她盯上了你是逃不掉的。好汉不吃眼前亏，先来缓兵之计，我答应以顾问的身份利用整个寒假调查了解，调查的结果，更坚定了我不能干的决心。

结语 每个学生都是一颗星

开学初我把整改方案呈递上去,正准备开谈不干的理由,这时刘校长发话了:"你的方案我不会看的,因为再好的方案也需要人来落实,你王金战年纪轻轻(抗议!我都43了),本来你能干的事你不干(抗议!我没干过),难道都让我这个近60岁的人来承担?"

这最后的一句话给了我很大的触动,竟然使我失去了辞职的勇气。

一个好校长就是一所好学校。在我眼里,刘彭芝校长是一个伟大的校长。人大附中在她的任内跃升为国内领先、国际一流的名牌学校,升入清华、北大的学生数连年在北京市保持第一(2006年更是达到创纪录的176人)。再看刘校长,虽刚过寒假,却是一脸的疲惫。

在接下来的谈话中,我又了解到学校在办分校中遇到的种种困难,以及筹措办学经费上的重重压力,本来就好讲义气的我,这时候突然想起了一句话——"我不下地狱谁下地狱",就这样我答应了下来。

但我跟校长表态,我就干三年,我要完成三件事儿:第一件事就是扭亏为盈,第二件事就是培养一套坚强的班子,第三件事就是形成一个强大的市场网。然后我就退出来。

带班与领导一个公司当然不同,但基本理念和原则却有通用之处。我的基本做法就是:

1. 热情:唤起员工的工作热情。
2. 团队:打造一支富于进取心的团队。
3. 品牌:充满信心地营销我们的优质产品。

我没想到的是,在员工们卓有成效的努力下,仅用一年多的时间,我们就已经完成了当初给校长的三项承诺。

后来,我到江苏沛县去开讲座,那里有人大附中网校的一个分部。

我记得1985年我曾教过的一个学生,当时是班里的体育委员,学习不用功,挨了我不少批评,当年毕业了,考入了一所中专,毕业以后分到大屯煤炭公司去了,公司地点就在沛县。

我的学生毕业后,大都是业务骨干或行业领导,也有开公司的,都干得红红火火,让我很放心。我就一直放心不下这个学生,想着这个去井下挖煤的学生干得怎么样了?

讲座之余,我就给这个学生打电话,我说:"我想去看看你。"

学生在电话那头说:"老师,你别来,我过去看你。"

我说:"不行,我一定得过去。"

学生说:"那好吧。"

那天,我一进煤矿,我的学生就站在大门口。他一看到我,眼泪就流下来了。他握着我的手说:"老师,我工作20多年,你是咱班唯一一个来看我的人。"

我问:"你现在怎么样?"

他说:"老师,我带你在矿里转转。"于是他就带我在矿里转,这个矿区已拥有花园式的环境了,所到之处,员工们都向我们投以尊敬的目光。原来,我的这位学生已经成为这个拥有5000多名员工的煤炭公司的矿长了。

我一时百感交集。

人大附中网校在新疆也有个分校。有一次,我去做品牌推广,给新疆一所中学师生讲高考数学,整整讲了6个小时,学生们听得是如痴如醉,我要走的时候,1000多个学生掌声雷动,不让我走。校长说不行,你还得继续讲,我又讲了1个小时,讲到晚上8点多才走,外面下着小雪,1000多个学生全站在寒冷的雪地中排成两队送我。

你说一个人有什么价值?我就是一个普普通通的人,就教了一科普普通通的数学，而这些孩子，给了我如此丰厚的礼遇，你说我还追求什么？

做人的最高境界，也不过如此吧。假如鲜花在我的手中绽放，太阳能从我的手中升起，我觉得自己即使默默无闻也很有价值。所以我喜欢当老师，不是因为无奈才去当老师，而是我确实很喜欢教师这个职业。

2003年高考后，12班同学最后一次聚会，全班的同学都来了，肖盾、顾童、陈远等同学特地从英国赶回来，家长们也来了，所有科任老师也参加了。

聚会上，同学们给每位老师准备了一份礼物和一份祝词。每份礼物和祝词都是不一样的，一如12班同学的个性。

记得那次聚会上，同学们把我一次次抛向空中。在那个时刻，我觉得很欣慰，很有成就感，也很幸福。

从2003届12班这届学生高考前的一个月开始，我每天都给每位同学发一封电子邮件，直至他们高考完后我写了最后一封。现在，我把它作为叙述的结尾：

如果我能工作30年，那么我生命的1/10已融入你们成长的过程。当雄鹰振翅高飞，当勇士奔向征程，当英才大展宏图，我又会用我生命的又一个1/10重复我的工作，我生命的轨迹如同一个圆（方程为$x^2+y^2=1$），你们的轨迹如同等速螺线（极坐标方程为$p=a$），当你事业的曲线逐渐延伸到美好的远方，你是否还记得那个圆？当熟悉的记忆逐渐遥远的时候，你是否还会想起这段充满着欢笑与泪水、成功与失败、理解与误解、幼稚与成熟的经历？

但我会永远地记住你们。当我遥望灿烂的星空，发现最亮的那颗星就是我曾经的学生时，你可能看不到那双为你的成功而骄傲的眼睛，但我对你的祝福依旧。

附录一

appendix

老王谈考试

期中考完话总结

1. 先反思学习态度

事实上每个学生都有学好的愿望,成功与否关键看行动。你想成为什么样的人,你就能成为什么样的人,前提是你要很想很想。在我看来,如果你真的认定现在的目标就是你唯一的、必需的、一定要完成的目标,你就能发挥出强大的潜在能力。你自己就知道,什么是你应该做的,什么是你不应该做的。任何一个智力正常的高中生,都可以考上名牌大学。不成功者,对目标的追求,只是心理安慰地空想而已,而没当作一定要完成的目标去努力，最终沦落为幻想的巨人、行动的矮子，其命运可想而知。

2. 正确看待成绩

学习的过程，就是不断发现问题并解决问题的过程。其中考试是暴露问题的最佳时刻，成绩不理想的背后，是出现了不该出现的错误，如果你能立即采取措施加以改正，必然会带来学习能力的提升。相反，本来自己学得不好，却由于这次考得很好，使得很多问题被掩盖了，自己还以为没问题了，从而放松学习，这必然会导致下一次的落败。塞翁失马，焉知非福。如果通过这一次的失败，找出了问题，从而迎来下一次的成功，那这一次的失败就是必要的。如果这次的成功让你失去警惕，那就很可能会埋下以后失败的种子。

3. 认真做好错题归类

对试卷中出现的错误，有必要进行仔细归类。不能把错误简单地归结于马虎。如果你对丢的每一分按如下原因归类——粗心马虎、审题不严、概念不清、基本技能不过关、时间不够、过程不完整、能力不及等，你就会发现你的真正弱项，也就找到了下一步的努力方向。考试前最有效的复习方法，是做过去做过的错题。所以对每次考试中出错的题，应重点标注并归类保存。

4. 他山之石，可以攻玉

每次考试，你的同学中总有一批表现突出的，他们因为方法得当才导致学习能力的提高。近水楼台先得月，你向他们学习和请教，是多么方便的事呀。

期末考试前 20 天的复习策略

1. 迅速搞清各科的考试范围

期末命题正在起步阶段，考试范围也已确定，学生应立即把考试范围搞清楚，为下一步制订计划做准备。

2. 开始拟订复习计划

由于好多课都还讲新课，所以复习计划对时间的计划只能考虑你的课余时间。时间就像海绵里的水，只要你挤一定会有的。例如元旦时期就会有几天难得的自由时间，正是复习的大好时机，要是错过会很可惜。

3. 立即行动

从开始复习时起，一科也仅有 3 天的复习时间，如果再不开始，势必导致最后因压力太大、头绪太多而陷入手忙脚乱的状态。

4. 提高复习效率

20 天时间一眨眼就过去了，没有效率肯定不行。那些理解性的学科，例如数学、物理等，可提前进行。后期应该给记忆性的学科留出一定的时间。各科复习首先从改正错题开始，当初做错的题都暴露出学习上的隐患或漏洞，再改正一遍会事半功倍。错题改过后再进入知识归纳、题型归类、查漏补缺、巩固提高阶段。

5. 立足课本

"问渠那得清如许，为有源头活水来。"对课本中的基本概念和基础知识掌握不到位，是学习中好多问题的根源，所以应从源头抓起。但这绝不是简单地把课本看一遍，做例题就比看例题效果好，做题后发现问题及时回去看书就比单纯地看书效果好，结合听课笔记看书就比单纯看书理解得深刻。

高考前 30 天的复习策略

1. 充分认识这一个月的重要性

按常理,越到高考了学生越应该抓紧,但事实恰好相反,往往越临近高考,学生的心情越浮躁、越焦虑,从而导致学习效率严重下降,更何况越临近高考各种与高考有关的信息纷至沓来,也会在很大程度上影响学生的情绪。

每一位考生都必须明确,在别人都很难进入高效的学习状态的时候,你如果能够做到高效地学习,会迅速提升自己的相对实力,从而笑到最后并笑得最甜。

2. 找准定位、定点突破

每个人都应有一个大致的目标,把此目标分解到各个学科,便大体知道你在每个学科中应得的分数,据此分数分析你的差距在哪里,问题在哪里,要学会舍弃,现在对着标准答案都看不懂的题目当然就该舍弃,应该把主要精力用在会做但却经常出错的地方,短期突击肯定会出效果。

3. 用好资料

考前突击选用的资料非常重要。质量不好的资料,除了耽误学生的时间,还会由于题目方向不对、命题质量差和难度分布不合理而误导学生,甚至影响到学生的学习情绪和自信心。所以各个学校各位老师,这一时期千万不要把没有经过严格把关的题目发给学生。我认为进入最后一个月,各地的高考模拟试卷是可供选择的,因为每一套高考模拟试卷,都是当地骨干教师集结在一起,对可能题型可能难度做出预测后制作的一套题,应该是有很高的质量和针对性的。

学生高考，家长该做什么

高考之前，学校会就高考的注意事项，对学生进行详细交代。所以我倒不担心学生，而是担心着急的家长会帮倒忙，所以对考生的家长提几点建议。

1. 别把压力转嫁给孩子

高考之前学生的压力普遍过大，家长能做的是帮孩子化解压力，而不是把家长的焦虑变成更大的压力强加给孩子。

一个外地女生参加北京某个大学的艺术特长生测试并通过。她高考只需达到一本线，就可以上这个学校。结果当妈的一见女儿回家就谈两件事：一是说我们父母培养你的艺术特长花了很多钱，你要是考不上钱不是打了水漂？二是说只有不到100天了，你再不努力还来得及吗？

女生听当妈的这么说，心理压力陡然增加，以至于经常晚上做噩梦。由于晚上睡不好，第二天学习时迷迷糊糊，更加学不好。她妈更急了，便更多地给孩子施加压力，使得孩子出现了严重的心理障碍。看到我的《英才是怎样造就的》一书后，那位妈妈才明白自己的过错，她和女儿亲自来到北京，在人大附中门口等了3天碰到了我。

我非常坦率地对这位母亲说："你这是把自己的压力不负责任地转加给了孩子，先给她一种负罪感，再给她来个倒计时，不要说过一本线，不进精神病院就谢天谢地了。"我接着说："100天可以学很多东西，你想想，如果一个孩子，从小学时开始，家长就跟她说抓紧学习啊，到高考共有12年时间，这样天天说真的可能把孩子逼疯。"

那位母亲听取了我的意见，后来便不在孩子面前谈学习了，而是从其他方面尽量关心她。结果她女儿写信给我说："这次北京之行我捡了个新妈妈,以前的妈妈只会逼我,现在的妈妈特别有人情味,我的学习劲儿也足了。"

2. 注意说话方式

如果我们说话是说给别人听的,那么我们就必须考虑对方的反应。很多家长只顾在孩子面前表述自己的焦急、关爱及期望,却全然不顾孩子听到这些话后是何感受。从某种意义上说,这种家长缺少对孩子的责任感。好多孩子也正是在家长的这种喋喋不休中变得反感、消极的。

就拿考前睡觉来说,如果家长说:"明天要考试了,赶紧睡吧!"说这句话的人似乎没感觉到有什么问题,但站在孩子的角度来看,这句话真的能起到正面作用吗?叫我看,这句话只会给本来就紧张的孩子增加更多的紧张,使得他更难以入睡。我遇到这种事一般会这样处理——当看到女儿就要睡觉了,我会跟她讲:"你放心睡吧,明天我叫你。"我完全不谈"考试"这两个字,女儿倒觉得比较轻松,想到明天有人叫她,就不用担心睡过头了,真的蒙着被子就呼呼睡了。

高考之前为了保证孩子心理平和,从而保证比较高的复习效率,我建议家长在孩子面前说话时一定要三思而后说。

3. 正确应对考前焦虑

高考在即,不少学生难免出现焦虑,家长怎样帮助孩子克服焦虑呢?一位叫胡永东的心理专家曾经在网上与我交流过,我觉得他的观点很有价值,现在就把他的建议推荐给大家。

胡永东先生认为,家长可以跟孩子坐下来进行交流。家长可以这样谈:面对高考这样一个人生大坎儿,每个人都会出现焦虑,只是程度不同、持续时间不同而已,因此,出现焦虑这种情绪是合理的,必要的。焦虑具有动力性,焦虑可以调动我们身体的潜能、可以驱动我们的行为去积极面对高考。

同时,焦虑的出现具有不可控制性,所以我们要学会和它相处。焦虑又有过程性,我们任何情绪情感都有发生、发展、高潮、下降和结束的过程。

所以,在和焦虑相处的过程中,你不和它较真,焦虑就会随时间而慢慢缓解了。

比如,在紧张的时候,学习效率会下降,平时一个小时做10道题,现在只能做5道题了,这时候你告诉自己,我就是这样,肯定会紧张的,我控制不了,然后你就用这50%的效率答题,答着答着,情绪的过程性就会起作用,慢慢你就会恢复到60%的效率,进而80%、100%甚至120%地超水平发挥。相反,如果你不是这种态度,而是一种完全不接纳的心态,提醒自己赶紧放松,要不就完了,考不上大学了,那么,你就会越来越紧张,反而变成40%的效率,继而20%、10%,甚至连一道题都答不出来。

焦虑具有发泄性,我们要学会表达情绪,可以向自己表达,向他人表达,也可以向环境表达,比如,跑步运动或看看公园的美景等,这些都有助于焦虑的宣泄。

越是临近考试焦虑就越明显,这不是你能控制的,所以你要敞开胸怀,来就来吧,来了以后你跟它握握手,对它说:"你好,请坐。"然后你带着它该做什么做什么,你要是真的有这种胸怀,焦虑也不找你了,它会觉得你不好玩,就和你再见了。

附录二

appendix

12班学生家长教子篇

我带的这么多班级中,12班算是一个比较突出的班,这个班的学生毕业之后,10人进入耶鲁、剑桥等世界名校,37人进入清华、北大。他们的成长,可以说带有明显的素质教育特征。什么是素质教育?一般来说,主要涉及这四个方面:

1. 学业。
2. 课外项目。

3. 社交能力。

4. 个性特质。

不管是在国内，还是按照国际通例，用这样一个综合考核指数，大体上可以反映出一个学生的基本素质。这也是大学和用人单位考察人的一个基本标准。

12班学生的家长，在对孩子的素质教育，包括学业、课外项目、社交能力和个性特质等方面，有许多经验之谈。

🎓 学业——发现培养数学天分

学习兴趣从小养成

付滨的父母付德黔、孔益民（付滨后就读于清华大学信息学院计算机系，曾任12班生活委员，围棋初段）：

付滨从小就是一个比较乖巧、听话的孩子，我们觉得他也是个聪明的孩子。

付滨具有较强的求知欲望，尤其是对数字有独特的兴趣。小时候，他对公共汽车售票员感兴趣，经常模拟售票员卖票，能把所有公共汽车线路的起点站和终点站背下来。他还喜欢观看各种体育比赛，还能掌握各种体育比赛规则，这些规则连我们都搞不清楚。

我们开始觉得不可思议，后来我们才发现，他学卖票是在算多少钱，看比赛是在计算比分，这其实是对数字的一种爱好和对计算的练习。自从那时开始，我们就鼓励他发展这种爱好。付滨上小学以后，我们积极为他联系北京市奥林匹克数学学校、人大附中的华罗庚数学学校，他在这些学校中充分展示了其数学天赋，与高三（12）班的许多同学一样，他在数学学习中，一直保持在 A 班学习，从小学毕业后升入人大附中学习，多次在北京市和全国的各种数学竞赛中获奖。

鼓励孩子自主学习

庞观的母亲（庞观后就读于清华大学电子系）：

兴趣是人生的导师，培养孩子的学习兴趣是至关重要的。有了兴趣，多花些时间看书，别人看着好像是"苦读"，但对他自己来说实际上是一种乐趣。如果说我们作为家长对孩子的学习有所贡献的话，我们自认为最花工夫的地方，就是帮助孩子培养广泛的学习兴趣和良好的学习习惯。这种培养是循序渐进的，难以一蹴而就，不可能一劳永逸，所以比较花工夫。学习是一种高级心智活动，没有兴趣，没有快乐，在强迫的心理状态下被动学习，是很难有好的学习效率和效果的。一味逼着孩子苦读是行不通的，甚至也是不道德的。

引导孩子对知识的猎取，并培养其遵守规则的习惯

张亦楠的父母张欣欣、殷晓静（张亦楠曾获 2002 年全国高中数学联赛北京赛区一等奖，后被保送至清华大学电子系）：

在我们攻读博士学位期间，5 岁的儿子随我们去了法国南锡市。在那个美丽的小城，儿子上了一年幼儿园和三年小学。那里的老师们认为每个孩子都是好孩子，无论成绩好坏，无论是听话还是淘气，他们都是有出息、有前途的。这种教育观念，给予孩子们充分的自信，培养了孩子良好的心理素质和活跃的思维方式。

回国后，为了培养孩子的自信、自立和自强，我们注意从小事做起。例如，经常逛逛书店，并且让孩子自己选择要看的书。结果不久孩子就迷上了历史类的读物，选择了《上下五千年》和《二十四史》等。通过阅读，孩子了解了中国的发展历程，了解了我们国家曾经的辉煌、现在的进步，不仅增强了孩子的爱国情怀，还扩大了他的知识面，他的作文进步完全得益于历史知识的丰富。再例如，在一段时期内我们和孩子每个月去听一次音乐会，也完全由孩子选择，从而培养了他对音乐特别是对古典音乐的兴趣，同时引发了他对美术的兴趣，这样他又阅读了音乐史和美术史方面的书籍，进一步拓宽了知识面，对他综合素质的提高有很大帮助。我们认为这恐怕对孩子的一生都是有益的。

孩子需要养成遵守规则的习惯。家里早就有了电脑并接通了互联网，我们适时地引导孩子学习电脑。鉴于互联网的双刃性，一方面，我们任凭他按着自己的兴趣和方式学习和使用网络；另一方面，又限制他使用电脑的时间：每天不超过一小时。这样既给了他足够的自由空间，又没有因为迷恋互联网而影响学习。

培养良好的学习习惯

汲婧的父母汲培文、林钢华（汲婧后就读于北京大学医学部临床医学专业，曾任班学习委员）：

为了帮汲婧形成自主性学习的习惯，我们不是给她具体讲题，而主要是交流学习方法和心得，结合例题讨论，如何做到举一反三，扩展思路。

从培养她的自学能力上说，我们鼓励她自学、补充一些知识。记得在小学四年级时，由于受当时形势的影响，华校停课半年，未能学习加法原理等有关知识，而到华校五年级时，讲授的许多知识要用到加法原理，在这种情况下，我们鼓励她自己看书学习，补习这部分知识，她果然自己看书补习了，而且掌握得还比较好。

在养成专心学习习惯方面，我们总是对她说："你想学就好好学，不想学就不学，不要勉强。"她想看电视或想玩时，我们从不阻拦。有时她课外作业多，需要当天完成，为了保证她能及时完成作业，又能看到她想看的电视连续剧，我们替她观看连续剧前的广告及序幕，她去学习，待连续剧正式播出时再叫她来看。这样，在父母与她之间就形成了说话算数、互相信任的关系。

我们注重培养她的自主学习习惯，引导她成为学习的主体。除了听写等要求家长配合的作业，所有其他学习上的事情，都由她自己独立完成。我们从来不陪着她写作业。譬如，她在奥校或华校学习遇到难题时，为了鼓励她养成独立思考、勇于钻研的精神，我们总是告诉她，这些难题我们也不会，还不如她知道得多，只要她积极思考，就能弄懂这些难题。确有困难时，就鼓励她向老师请教，与同学讨论。中学生已经具有一定的自主学习能力，所以可以养成自主性的学习习惯。

对于中学生来说，那种手把手式的教育，效果并不理想。我们主张对中学生的教育，最好是方法式的、讨论式的、推荐式的。推荐一本好书，一本好教材，让学生自己去学去做，这往往比父母讲解更有效果。我们都当过学生，对做题都有体会，这道题如果是自己做出来的、钻研出来的，那么印象就特别深，一般都不会忘；如果这题是通过别人讲出来的，自己也许当时懂了，但过一段时间，记忆就不深了，很快就忘了。

遵守学习规则

薛坤的母亲郭玉梅（薛坤2000—2002年连续三年获全国高中数学联赛北京赛区一等奖，曾任人大附中校学生会主席，后就读于清华大学自动化系）：

我们注重对孩子非智力因素的培养，主要是培养他的自制力和良好习惯。从孩子很小时我就告诉他，他的要求分三种：合理的、不合理的和可以商量的。合理的要求我都会答应，不合理的直接拒绝，可以商量的讨论后变成前面两者之一。而为了让儿子明白这个道理，儿子不知流了多少眼泪。开始当他的要求得不到满足时，他会哭得很伤心，看他泪流满面可怜巴巴的样子，我常心疼地躲在一旁陪他抹泪，但是决不妥协。等他哭一会儿情绪稍好时，找点儿他喜欢的事情引开他的注意力；等他情绪完全平静下来后，再告诉他刚才的做法是不对的。渐渐地他知道哭闹不是解决问题的办法，更重要的是他学会了据理力争，把可以商量的要求转变成合理要求。

培养孩子的自制力不是把孩子管成小绵羊，而是给他一个合理的空间让他自主选择。刚上小学时，我要求他回家后先写作业，但这个时段，刚好有他特别想看的动画片，他就跟我商量先看电视再写作业。我同意他的要求，条件是晚上8点前必须完成作业，并且要字迹工整、答案正确。他非常高兴，每天动画片一结束，就往写字台前跑，作业质量、学习效率都很高，还养成了不靠父母自主学习的好习惯。

多年来，电子游戏一直是困扰家长和学生的大问题，可孩子喜欢，完全禁止是很困难的。我和儿子商量后达成共识："不许进游戏厅；家中可买游戏机和游戏卡，但限制玩游戏时间；作业不完成不玩游戏。"我们照顾了孩子的喜好，打游戏时，我有时也会跟他一起玩，再适时提醒他注意时间，因此他的学习成绩没有受到太大影响。

课外项目——鼓励孩子参加科技项目

鼓励孩子多参加科技活动

刘翀的父母刘凯龙、孙向军（刘翀，12班班长，曾获全国青少年科技大赛一等奖，后被保送至清华大学数学系，为清华大学数学系学生会主席）：

2000年9月孩子进入本校高中数学实验班，这个班集中了市区的优秀学生。我们要求他在各门功课学好学活的前提下，多参加一些科技活动，多经历科研过程，直接接触科学家，从中得到科学思想的启迪和科学方法的指导。

高一时，他参加了科技俱乐部组织的各项活动，成为北京青少年科技俱乐部的一名成员。

社交能力——锻炼孩子的组织协调能力和解决问题能力

支持孩子参加班干部竞选

薛坤的母亲郭玉梅：

小学毕业时，他是少先队大队长，并以247.5分（满分250分）全校第一的成绩结束了小学阶段的学习。更幸运的是他在小学学习期间认识并选择了人大附中。

儿子在高中三年中，高一担任校学生会纪检部长，高二竞选校学生会主席一举成功，紧张的高三时期又担负起了12班班长的职务，社会工作虽占据了他许多学习时间，但锻炼了他的组织协调能力和解决问题能力，营造了和谐的人际关系，也提高了他学习的自觉性。在高中阶段，他三次获得全国高中数学联赛北京赛区一等奖，各科成绩也一直处于全年级的前列。

与孩子交流怎样当好班干部

李峥的父亲李春成（李峥被保送至清华大学材料科学与工程系，历任班团支部书记、校学生团委书记）：

12班非常注重学生的全面发展，为了培养每个人的社会工作能力，班干部采取竞争上岗、每学期轮换的制度，使每名同学都有机会得到锻炼，每次家长会都由班干部来主持，由班长总结班级的工作、存在的问题及下一步的计划。我们家长非常赞赏。

欣赏孩子的思想闪光点

吴燕申的父母（吴燕申后来就读于南京大学生物系，曾任班体育委员）：

12班在班级建设中引入竞选机制，孩子们的竞选演说有模有样，班子组阁轰轰烈烈，设立的议会还定期对所有的班干部做出评判，议会有时还摆出弹劾班干部的架势。这种班干部定期轮换制度，使更多的孩子亲身体验了领导的方法和艺术。我们在家中与女儿聊到担任班干部的感想时，她总有一大堆话可说，话语中还不时出现闪光的观点。的确，她的思维已变得成熟，做家长的自然在心中暗喜。

个性特质——保持个性，融入团队之中

性格的选择

何煦的母亲李大农（何煦2001年获全国高中数学联赛北京赛区一等奖，班级足球队主力队员，后被保送至北京大学数学学院）：

何煦上中学以前，认识他的老师、同学对他的评价都是一个字："怪"。除了个别的老师，大多数师长和同学并不大欣赏这种"怪"。

怎么个"怪"？比如为一道数学题的解法，就和老师争论不休，致使老师精心安排的一堂数学观摩课以失败告终。在相当重要的数学考试中，竟然认为试卷中的题目出得有问题而拒绝解题，白白丢掉了宝贵的分数。

即使是他并不拿手的语文，他也喜欢提问"刁难"老师。比如有一篇课文，大意是说一个海岛上拥有大量的资源，比如有深达几米的营养丰富的鸟粪，课文上使用了"珍贵的鸟粪"这样的描述。何煦认为用"珍贵"来形容不合适，他的理由是，少而稀缺的东西才"珍贵"，既然岛上有那么多的鸟粪，何谈"珍贵"。为此他和语文老师展开了论战，最后以老师批评他"胡搅蛮缠"而不欢而散。

中考时，何煦以理想的成绩考入本校高中。而经过理科测试，何煦考入了该年级最令学生们向往的数学实验班12班。实际上这个班在初中时就已经存在，大多数同学原本就是一个班的，经过新一轮的筛选，个别同学离开了，也有少数像何煦这样的学生进来了。何煦其实是个"新同学"。我们早就有所耳闻，这是一个群英荟萃的集体，每个学生都不乏值得夸耀的历史，我们不无担心地想，何煦这么一个"怪孩子"，能被同学们接受吗？

令我们感到欣慰的是，何煦马上就融入了这个集体，并得到了同学们的尊重。无论在课上还是在课下，何煦仍然一如既往地提问、一如既往地跟老师和同学争论。他一争论起来，常常激动得面红耳赤、大汗淋漓，竟至泪流满面。有时迫使老师无法把课讲下去，占用了大家很多的时间。有时他很固执，有时他很偏颇，有时他走进了死胡同，有时他使老师和同学很无奈，但他很真诚、很投入，不厌其烦。老师和同学们都理解了他的性格，他们宽容他，允许他发扬个性，他们以友善的微笑倾听他的意见，以认真的态度展开辩论，有时为了不伤害他的自尊而暂时退让。

直到有一次，班里组织了一个辩论赛，何煦作为辩手参加了辩论，在这样充满理性和逻辑的论争中，他失败了。后来他在一篇文章中总结这次经历时说："我以前一直以为我是一个辩论高手，经过这次活动，我才知道我其实差得很远。"他从此总结了很多东西，懂得了克制，懂得了退让，懂得了适时，等等。

事实上在平时，老师和同学针对何煦的特点，安排了不少有效的对策，帮助他，鼓励他，小心翼翼地保护他的个性不受伤害。我们深感国内的传统教育虽然有很多可取之处，但在鼓励青少年的个性发展方面存在欠缺，而12班中每个有个性的同学都得到了极大的保护和尊重，这样充分张扬个性的集体，在国内的中学中是难能可贵的，这种学习环境的长期熏陶，无疑可以为学生们今后的大学学习和科研工作打下良好的基础。

让孩子做他自己

陈曦的母亲谢冰玉（陈曦后就读于清华大学建筑系，北京市优秀学生干部）：

有一次我对儿子说:"我认为你的性格比我好,我太张扬了,你不张扬,比较平和稳重。"儿子说:"这要两方面看,一方面,不张扬不爱表现,也许会失去一些机会;另一方面,如果不张扬而和大家友好相处,大家也许又会给你一些机会。事物都有两面性,说不好将来会怎么样发展。但我自己喜欢平和,不喜欢张扬,所以我不想改变我自己。"

不把父母的愿望强加到孩子身上

鲍慧颖的父亲鲍学全(鲍慧颖后就读于清华大学管理学院):

我和爱人有幸赶上恢复高考,成为恢复高考后的第一批大学生。按考试成绩,我应该有机会成为清华、北大类名校的学生,但当时戎装在身,以服从命令为天职,作为军人当时能有机会考且又能考上大学已是十分幸运,所以愉快地上了部队指定志愿的学校,但内心里对没有机会成为清华、北大类名校学生仍有缺憾。所以,把女儿培养成为清华、北大类名校的学生是我们夫妇的心愿。当然,我们的这种想法只在心里。在做法上,从未用语言告诉女儿。而且,也并不是苛求女儿将来非得考上清华、北大类名校不可,只是向这个方向努力争取,能上当然好,上不了清华、北大类名校,上其他学校,只要她能时刻努力、不断进取,相信她也能成为能力比较强、适应现代社会并胜任未来职业的人。

附录三 appendix

12班学习高手论剑

数学学习方法

黄爽同学（后来就读于清华大学）认为：

1. 高中数学有自己的特点，有必要做出阶段性学习计划。

高一时，应打下坚实的基础，"双基"训练应当加强。

高二时，应不再拘泥于学知识，学会运用是关键。

高三时，应强化应试能力，为决战做好准备。

科学的训练和良好的应试心态，是高分的保障。为了提高考试成绩，我力争做到把平时的训练当作高考，把高考当作平时的训练，放平心态，应试时有动力而无压力，做题迅速但不慌，精力集中却不紧张。

2. "知识网络"的重要性不言而喻。

在数学等科目的学习过程中，只要胸中有"表"，理清各种知识点的纵横关系，就能拓展思维，掌握具体方法和技巧，明确所学内容。

3. 广做题多做题，但不拘泥于做题。

在冲击高考时，高考真题是研究对象，要想百尺竿头更上一步，一定要熟悉真题，熟悉出题者的思路。如果能遇到名师，还可以做一做预测题，长长见识。做题只是手段，目的在于掌握方法，应多做精题，尤其是高考真题。

真正面临高考时，要切记别陷入题海。掌握基本的解题技巧，是根本所在。

我就是在完成了这几步后，在高考数学中取得优异成绩的。

🎓 语文学习方法

张亦楠同学（后就读于清华大学）说：

高考语文涵盖面之广，包容量之大，随机性之强，令无数考生虽叩响门扉，而又恐难得其精髓，以致止步于其门前。的确，从表面上看，语文相对于其他学科，实力因素占比例较小，运气成分占比例较大，使一些语文素养较低的学生，有时能得高分；而一些语文素养较高的学生，有时也会得低分。

但是切记：这只是个别现象，不可因此而放弃语文的学习。

实力，仍然是语文考试的决定性因素。下面我们不妨分析一下导致上述现象的具体原因。高考中运气成分较大的题目有以下两类：

1. 词语选择填空（选择第3题）、改病句（选择第5题）、上下文衔接得当（选择第6题）。这三道题，极易出现模糊度较高现象，即所谓"蒙"因素占主导地位，或四个选项都不合适，或两个选项都较妥帖。较难复习，凭语感。

2. 字音（选择第1题）、字形（选择第2题）、成语（选择第6题）。这三道题，有时会出现较生僻的字音、字形、成语，碰见了没办法。

上述题目合计36分，确实较难把握。但是剩余的114分则全凭实力决定。所以语文绝非碰运气的学科，欲得高分，必须叩响门扉，登堂入室，以得其精髓。我所谓的精髓是后114分的精髓，就是阅读和作文的精髓。其实，秘诀就在于要掌握汉语言的根。这需要从两个方面谈——

一为文字上的。众所周知，所有的白话文字皆始于文言文，故汉语言文字的根，在于文言文。文言文，以雅俗论，较白话文为雅；以简繁论，较白话文为简；以深浅论，较白话文为深。所以若是掌握了文言文，就等于精通了现代文。这一点是毫无疑问的。掌握了文字上的根，你才能真正驾驭自己的语言，你也才有可能推敲和锤炼文字。而这正是阅读和作文所必备的素质。

二为情感上的。汉语言情感上的根，我以为，就是古代文人的所谓士大夫情怀。这种情怀表现在很多方面：

表现在指点江山的少年豪情，建功立业的青年壮志，报国安民的壮年追求，归隐山林的暮年情怀；表现在对过去时光飞逝的惋惜，朝代更替的感叹，对现实怀才不遇的惆然，对未来不尽前景的期待；表现在对忠孝仁义的推崇，对琴棋书画的留恋，对花鸟鱼虫的寄托。

应该说，这种情怀的存在，是相当普遍的，自先秦起，传承至今。

不光古人有之，大部分的现代文学家，从朱自清到余秋雨，也都或多或少地受到这种情怀的感召。而当你能够亲自体会到这种情怀，你才能够明白，为什么那么多诗人总是为国家的命运担忧，为什么那么多的雅士渴望与山水为伴，为什么《后庭花》屡唱不衰，为什么梅兰竹菊成为佳作永恒的主题。

再谈谈语文的捷径。只要你掌握了语文的精髓，后114分信手拈来。其实掌握精髓并不难，相比于题海战术，这种方法不但省时省力，效率也极高，可谓捷径。捷径如下：

首先，从《古文观止》入手。《古文观止》是一本收录历朝历代名篇佳作的书。其收录的文章从文字上无可挑剔，且并不生僻，适合普通读者阅读，从情感上，更是初学者理解士大夫情怀的最佳范本。我深受其益。建议略去先秦的文章，因其年代久远，文字尚欠成熟。可以从李斯的《谏逐客书》读起。第一遍，先将不懂的文字通过注解搞明白，然后开始默诵。注意其中的韵味与节奏，慢慢品读。先整体把握其思想，再推敲其文字。最后再朗读，感受文章的内在气质与灵魂。相信那时，你一定充满自豪与欢畅，古文的魅力无与伦比！强烈建议写书评（随便写点赏析即可），这对高考中的诗歌赏析极其有用。

其次，还可品读一下唐诗宋词。建议由孟浩然、王维的五言诗，杜甫的律诗读起，因为这些诗篇极力追求文字的洗练，其思想也带有普遍性。

另外，如果上述这些你已做到，不妨读一点现代文。推荐余秋雨先生的散文。

最后，一定要看看课本上的文言文。这时你想必已经相当轻松。字句落实即可，该背诵的还需背诵。课本上的现代文可看可不看。

如果你真正落实了任务，掌握了精髓，那么你做阅读与作文时，能够达到一种"想写什么就写什么"的境界，再不用去管什么得分点，你的分还会比别人高。至少我是这样的。

英语学习方法和应试技巧

张亦楠同学说：

高考英语有其自身的片面性，其中包含的很多应试技巧，已经超出了英语的范畴。但应该澄清的是，高考英语，是能够反映出个人的英语实力的，即没有基本的词汇量、良好的语感、扎实的语法知识，是断不能考好高考英语的。但这些应试技巧，有时确实能起到意想不到的效果，如果你已掌握了基础的英语知识，并对自己的语感有自信，那么不妨试试这些技巧。相信它会为你的高考英语加分。

我是个疏懒的人，故高中三年几乎没怎么做英语题。但幸而我小时候学了点儿新概念英语，锻炼出一套过硬的语感。且我于这三年的摸爬滚打中，总结出一套适合高考的应试技巧，所以成绩还不错。这里希望将英语应试的10个技巧，分享于世人，但求下一届的莘莘学子，能够省出一些在题海中漫游的时间（对今后几乎毫无益处），将这些时间，用在真正的英语学习中，那么这将是我的最大满足。

1. 攻克英语的几个方法。

给自己创造一个英语环境，可以经常听英语听力练习，再一个，就是和同学用英语进行对话交流和沟通，尤其是有外教的时候，一定要冲上去，猛烈折磨和剥削他的脑细胞，因为老外在中国往往比较孤单，备不住是欢迎这种折磨的。还可以主动去英语角，与老外进行沟通，开始水平比较低，有些慌，慢慢习惯了，与老外交流就通畅了，甚至可以进行一些对话和辩论。

　　重在积累，英语同其他学科不一样，数学、物理、化学里面讲述的，都是些精髓的思想，你把思想学透了，也就掌握了，学英语不一样，开始是些语法支撑英语的运用，但重要的是靠积累。平时不妨订一份英语报，把好的段子、好的文章剪下来，贴在本子上，认真地去学习、去研究，一点一点地慢慢积累。

　　2. 英语应试10招。

　　（1）考试前一天晚上一定要找语感。方法是做几套完形填空，要做精，将每道题仔细揣摩，不用时间限制，直至你对自己的语感有自信为止。

　　（2）考试前一天晚上切勿做单选。因为单选题五花八门，有的很怪，做错将会对你的自信以严重打击。自信最重要。

　　（3）考前闭目养神最好。考试前，忌讳再看任何有关英语的资料，它将使你的大脑在考试期间无法专心于题目。

　　（4）放听力（独白题或阅读题）时一定先阅读题目。第一遍放时，闭目争取听清每一个单词。一些专家总说带着问题练听力，实际上，这样会导致考生落下一些看似不起眼，但具有提示性的语句，所以第一遍一定要争取听清全部内容。听过后，将所有题目做答一遍。第二遍放时，只需将拿不准的题目听清即可。

　　（5）答题应有所为有所不为。若有个别题目未听清，一定要选好一个答案后，迅速忘记它，以免影响后卷。

　　（6）非听力卷应该按如下分配时间：先做单选题，中速，做到每个选项，都能让自己说服自己，就是正确答案即可。遇到不会的题目，要多迁移嫁接，可嫁接到已掌握的英语知识，实在不行，亦可嫁接到中文。反正要使自己能够信服，不用再检查（其实检查也没用）。我每次做完单选题，都能够充满自信地对自己说："这次单选又全对了。"

再做完形题，快速，凭借自己的第一语感，想选什么就选什么，符合大致逻辑即可。

后做阅读题，慢速，阅读题分值大，必须保证正确率。

接着做作文，中速，保证无语法错误。

再回过头来做一遍完形填空，做精，也要做到使自己能够信服。

有时间，再检查检查阅读题（我一般没这个时间了）。

（7）完形题。完形题一定要注意，选项中的单词是否曾在原文中出现过。若是，则其是正确选项的命中率极大。

（8）阅读题。阅读题经常会出现于文章主要内容，或给文章起标题的题目。判断方法一般用排除法：以后者为例，用逆向思维思考如果用这个题目，你写文章应该怎样写，再与原文做对比，你就会发现哪些以偏概全，哪些题目过于笼统。这个方法非常实用。

（9）慎选绝对词汇。阅读题，如选项中出现过于肯定或过于否定的判断词汇，如 never/forever/absolutely，则一般不选。

（10）备用词汇、词组。作文中最好出现一些大词汇或好的词组。如果你的词汇量不够，教你一个赖皮方法：从考卷的阅读文章中，摘取一些大词汇或好的词组（有的是，够你用），再用作文硬套这些词汇词组即可。

🎓 物理、化学、生物学习方法

黄爽同学对物理、化学、生物学习方法是这样总结的：

物理。物理是我的强项之一。高中物理重视基础,概念性质很重要。

计算能力也是考试重点,平时应尽量拒绝使用计算器。公式,包括二级结论(在基本公式基础上导出的结论),要熟记在心。

化学。化学学习考记忆,规律性的东西很多,不规律的也不少,这要重点记忆。还有,多关心关心身边的化学,感性地认识,理性地记忆。

生物。高中生物更像文科,将书读透,还要多熟悉题。我本人就因为在2003年高考中,见到一道以前没注意过的类型的题目,而感到做起来像老鼠拉乌龟——没处下嘴。真是遗憾。

参加学科竞赛方法

参加竞赛有利于提高学习信心

陈子君同学说:

我恐怕就是无心插柳之人。本来学科竞赛并不是我努力的方向。我从小学三年级起学习计算机编程,除了五年级的一次一等奖,直到高二全部是二等奖。这和我爱好广泛但不够努力有一定关系。

上高中时我参加了物理和化学的竞赛班。由于数学基础不够好,在物理方面进展缓慢,然而化学却蒸蒸日上。高三刚开学我参加了化学竞赛,事先虽认真准备但学得不如人家深入,只是在基础稍深一些的层次上,故比赛试题考到"标准电极电势",我一点都不懂,只得望题兴叹。成绩出来,行家大跌眼镜:我校几位化学高人颗粒无收,倒是我这个中不溜的考了个最好成绩,最终捞了个一等奖。

这时我看到了进冬令营获得保送的希望,于是我摩拳擦掌准备在化学竞赛的土地上深耕。我找来《普通化学原理》和竞赛教程,一头扎进化学竞赛的海洋,对常规学习不闻不问,过了十多天不似高三的逍遥日子。

不幸的是，在通向冬令营的选拔中，我连第一轮都没过，白白忙活了半个月！本班和我同去冲击冬令营的林某人，后来满载而归，直接保送入北大数学科学学院。自此我明白了一个道理：贪心不足蛇吞象，我得了化学一等奖获得保送资格外加20分已是天上掉的大馅饼，再去不自量力想爬得更高，只能空手而归。

于是我义无反顾地回到了高三生活中，并在期中考试中拿到了年级第三名，平了我的第二好成绩。虽然我没能在化学竞赛之路上走得更远，但不可否认，一等奖这个"意外收获"给我高三的学习增强了信心，而十几天的竞赛训练也使我在化学学习上获益匪浅。

数学竞赛需要一定的积累

黄爽同学说：

竞赛是我数学学习的重点，我的成绩也算不错。两次全国联赛北京市一等奖（高二时第十八，高三时第六）使我后来的升学一帆风顺。

我是学着数学竞赛长大的，从小学到初中数学班，再到高中理科班，为之付出了许多汗水，也从中得到了丰厚的回报。在竞赛学习中，我得到了许多高考用得到的知识。而这些知识，往往是书本上略去、老师们不讲而又不直接出现在考试要点中的知识。

其实，今天数学竞赛的特点是，在普及的基础上提高，不超纲、不超前、少而精，重视课内外知识的结合，注重技巧和分析，这样一来，竞赛的锻炼有助于提高学习兴趣，为学有余力的同学提供了展示的平台。灵活的运用、勤奋的钻研、创新的精神，是竞赛需要的，更是社会对栋梁之材的要求。

当然，学习数学竞赛需要一定的天赋和积累，如果以前没有基础，上高三后再补已为时太晚，不如打好基础，力拼高考。

数学竞赛的"瓜豆比"

张亦楠同学发明了一个参加学科竞赛的评估方法，叫作"瓜豆比"。他说：

谚语云："种豆得豆，种瓜得瓜。"人生苦短，我们如果仅满足于种豆得豆，种瓜得瓜，未免可惜。应以最小的付出（豆）得到最大的收获（瓜）为目标，即应追求种豆得瓜。于是便有了一个新的名词——瓜豆比。定义为：做一件事情，对于个人，获得与付出之比。

下面简要分析参加数学竞赛的瓜豆比。

以我为例：

豆（付出）：

1. 高一暑假参加南开数学夏令营一周。

2. 高一暑假参加沈阳协作体夏令营三周。

3. 高二开学研究数学竞赛不到两周（抽空）。

4. 高二暑假参加李成章老师的数学辅导班一周。

5. 高三全国数学联赛前参加班内辅导并自己突击一周。

瓜（获得）：

1. 数学知识成体系，对高考数学居高临下，可轻松面对。

2. 对自己数学实力的超强自信。

3. 高二高三几乎没复习过数学，节省出大量时间用于其他科。

4. 高三一年数学成绩稳定在145分左右。

5. 获得全国数学联赛北京赛区一等奖。

6. 获得保送资格，并成功保送清华大学。

7. 因为获奖，高三一年都有个好心情。

分析：我得一等奖有"蒙"的成分。在此分析，面对广大学子，故在收获栏中暂不分析后三项。付出栏中，前四项均在高一、高二暑假或刚开学时实施。那段时间如果没有参加数学竞赛的辅导，基本也就荒废了。所以这四项基本没有耽误学习正课时间。真正的付出只是在高三花费了一个星期。但看看收获，就事而论光第三项就省出了高三多少宝贵的时间。更重要的是，要想在高三一年数学成绩保持在145分，对于没有参加过数学竞赛的人来说，几乎是不可想象的。就是你把付出的全部时间用在对高考数学的研究中，也不可能达到。更何况对于所有参加数学竞赛的学生来说，还有一定的概率取得后三项的收获。相信其诱惑对于所有人都是巨大的。

总结：参加数学竞赛瓜豆比巨大，望所有有识之士踊跃参加数学竞赛。

国内国际科技创新比赛分析

杨远同学说：

科技创新比赛是这几年才受到国内教育界、学生广泛关注的一种赛事，但它的创办和学科竞赛一样，可追溯到改革开放初期。大家可能对科技创新赛事还不大了解，这里我先就中国和国际上较有影响力的两个赛事——CASTIC 和 IntellSEF 做一简单介绍。

CASTIC 是全国青少年科技创新大赛（China Adolescents Science and Technology Invention Contest）的英文缩写，每年暑假举行，是中国最高级别的科技创新比赛，在该赛中获得一、二等奖可获得保送资格，并有一定的加分。

一般来讲，每年有 70~80 个项目可以获得一等奖，100 个项目获得二等奖。

参加 CASTIC 有两种途径：一是通过省、市的选拔，二是被相关机构推荐。选拔工作一般在 5 月底结束。

Intel ISEF 是英特尔国际科学与工程学大赛（Intel International Science and Engineering Fair）的英文缩写。这是一项具有 50 余年历史的国际性青少年科学研究项目比赛。它也是世界上唯一的面向 9~12 年级（初三至高三）学生的竞赛，竞赛学科涵盖了所有自然科学学科和部分社会科学学科内容的科学比赛，因而被称为中学生科学竞赛的"世界杯"或"奥林匹克"。该赛事每年 5 月在美国的不同城市举办。

Intel ISEF 共设立了 15 个学科：行为与社会科学、生物化学、植物学、化学、计算机科学、地球与空间科学、工程学、环境科学、老年学、数学、医药与健康学、微生物学、物理学、动物学，以及集体项目。

Intel ISEF 奖项分大奖（又称学科奖）、专项奖和政府奖，共计 600 多个人和集体奖项。每个参赛项目至少要接受四次评审。每个学科的大奖项分为一、二、三、四等四个等级，奖金分别为 3000、1500、1000、500 美元。此外，还有由英特尔、科学服务社和近 70 个赞助企业、科学社团和政府提供的价值超过 150 万美元的奖学金、暑期见习研究、野外科学考察机会和实验设备。每年还有两名竞赛的优胜者获得去瑞典斯德哥尔摩观摩诺贝尔奖颁奖典礼的资助。

一般来讲，获得参加 Intel ISEF 参赛资格的中国学生都很可能获得名牌学府的入学机会。如我所参加的这批中国代表团中，北京的六位应届毕业生有四位被保送至北京大学，一位被保送至清华大学。